「我慢する」がなくなる本

なぜ、「ガマン強い人」はまわりから同情されないのか？

精神科医
和田秀樹

まえがき

今日からやめましょう！

・会社や上司の言うがままにあくせく働くこと
・ケーキやステーキ、お酒を節制すること
・好きでもない相手に、むりやり笑顔をつくること
・自分の生活を捨ててまで在宅介護に明け暮れすること
・もう愛情の欠片もない夫（妻）と結婚生活を続けること
・子育てを自分ひとりで抱え込もうとすること
・老後のための貯金を優先して、好きなことを一切合切やらないこと
・自分に非があるなんてこれっぽっちも思っていないのに謝罪すること

いずれも我慢する必要なんてありません。やめてしまえばいいんです。身体的にも、精神的にも、我慢があなたに良い影響を与えることは一切ありません。我慢は病気のもとです。

そのことは、過去に私が書いた『「がまん」するから老化する』や『「思秋期」の生き方 45歳を過ぎたら「がまん」しないほうがいい』、『「がまんをしない人」は病気にならない』などでも主張してきたことです。

我慢はしなくていい、我慢はやめよう、我慢は病気のもとだ——そういう主張をすると必ず反駁《はんばく》する人が出てきます。

「上司の言うことを聞かなければ、よけいに話がややこしくなる。それに、左遷《させん》にあってしまうかもしれない」

「好き放題食べたり飲んだりしていたら健康によくない」

「トラブルになるくらいなら笑顔なんて安いものでしょ」
「自分を育ててくれた親なんだから、恩返ししないと……」
「世間体もあるし、子どものためにも離婚は避けたい」
「自分で産んだ子なんだから、自分が面倒を見ないでどうするのか」
「『老後の資金は○○万円必要』だってテレビで言っていた」
「自分が謝れば済むことだから……」

そういう人たちにまず言いたいことは、「結果を見ろ」ということです。

日本人というのは、得てして結果よりも過程（プロセス）を重視します。「我慢している姿が美しい」「結果はどうあれ、がんばっているプロセスが大切なのだ」と考える人がたくさんいます。

私は精神科医でありながら、長いこと受験アドバイザーとしても活動しています。

ここでは詳しくは書きませんが、私の提唱している和田式勉強法は、とにかく

「要領よくやろう」というものです。

たとえば、数学であれば、「わからないものを時間をかけて考えるくらいなら、さっさと答えを見て暗記しろ」と。

日本では、そういうことを言うと、いろんなところから批判を浴びるわけです。「受験勉強で苦労したか」や「睡眠を削って何時間勉強したか」といったプロセスが大切だと考える人が多いからです。

でも、要領であれ、ど根性であれ、プロセスはどうでもいいものです。受験勉強で大事なのは「良い大学に受かること」なのですから。

仕事でも同じです。「真面目にやっていれば結果は二の次だ」とばかりに、残業をする人間が努力家として評価される。そんな社会が、日本にはいまだにあります。

上司に言われるままに働いて、その結果、体も心もボロボロになってしまえば元も子もありません。

血糖値や血圧が異常に高い人であれば節制も必要かもしれませんが、健康体の人なのに、テレビや雑誌で喧伝されるままに節制やダイエットに励む。その結果、老化を加速させたり、栄養不足になったりします。

そもそも「痩《や》せると長生きできる」というのは正しくありません。ＢＭＩでいうならば、「太り気味」とされる25～29・9の人が、もっとも長生きするという結果が出ています。

同じように、無理な人付き合いや在宅介護、結婚生活、子育てでも、自分にムチを打ってまで我慢し続け、その結果、精神を病んでしまい、立ち直れなくなってしまったら……それは、もっとも最悪の結末だといえます。

我慢をやめるのは、多くの日本人にとって難しいことは否めません。そういう教育を受けてきていますし、テレビなどのメディアでも我慢が美しいストーリーとして語られるからです。

だからこそ、「我慢しなくてよくなる考え方」を紹介したいと思っています。

本書の構成は次のようになっています。

第1章の「我慢することは美徳ではない」では、我慢がよくないことだという理由を書きました。その中で、心の健康はもちろん体の健康についても言及しました。

日本人には、さまざまな理由から我慢を悪いものと考えていない人が多いのですが、それは残念なことです。この章を読んで、まずはきちんと我慢がよくないということを把握していただけたらと思います。

第2章の「『我慢する』はこうして転換する」では、自分次第で変えることができるものごとを中心に、我慢をしないための発想転換の方法を説明しています。「相手の要望に従ってしまう」「相手の誤りを指摘できない」「相手の暴力や反撃が恐い」「いい子ぶってしまう」「欲望を抑えきれない」といったことに関して、それぞれ具体的に書きましたので、自分に当てはまりそうなところをぜひ参考にしてください。

第3章の「自分でコントロールできない我慢」では、相手が思うようにならないときや、強要されてどうにもならないときなど、自分ではコントロールできない事態での対応法を書きました。

親や配偶者、子どもとの関係性の中でのことや、上司や取引先といった仕事上のことなどを具体的に記しています。こちらも身に覚えのあるところを参考にしていただけたら幸いです。

第4章の「我慢しない生活を引き寄せる」では、第2章と第3章から漏れてしまったけど、我慢を遠ざけるために大切な心構えや考え方を述べています。この章の最後のほうに書いた「全体論の発想」については、特に大切だと思っていますので、何度か読み返していただきたいと思います。

第5章の「相手に我慢させると自分に返ってくる」は、第4章までの方法を用いても、どうしても我慢しなければいけないときのために、補足として我慢のプラス面「我慢が人を成長させることもある」という一面と、自分だけが我慢と向き合うのではなく、「相手に我慢を強いない配慮」を挙げてみました。

なぜ我慢が美徳とされてきたのかといったことから、我慢すると幸せになれない理由、具体的な我慢をやめるための考え方までを紹介することで、みなさんが「我慢の人生」から「楽しむ人生へ」に踏み出すキッカケになれば、著者として幸甚この上ありません。

2016年5月

和田秀樹

CONTENTS

「我慢する」がなくなる本

なぜ、「ガマン強い人」はまわりから同情されないのか？

精神科医
和田秀樹

第3章　自分でコントロールできない我慢

第4章　我慢しない生活を引き寄せる

第5章　相手に我慢させると自分に返ってくる

編集協力▼遠藤由次郎
カバーデザイン▼tobufune
本文レイアウト▼Bird's Eye

第1章
我慢することは美徳ではない

「かくあるべし」をやめれば目の前の景色が一変する

日本人は、どうしてこうも「かくあるべし」が好きなのでしょうか。

「結婚式では、ご祝儀を◯万円包まなければいけない」とか「介護は、身内がやるべき」とか「肉食は良くない、魚を食べるべき」とか、ことあるごとに、「〜でなければいけない」「〜すべきだ」という生活習慣が公然とあります。

「働かざるもの食うべからず」という誰でも知っていることわざもあります。いったい誰が決めたことでしょうか。

「かくあるべし」で思いつくのは、江戸時代まで活躍した武士かもしれません。新渡戸稲造《にとべいなぞう》らが書いているように、「武士たるものかくあるべしだ」という〝武士道の心得〟を拠《よ》りどころにして、「武士道を持つ日本人なら規律ある、模範的な行動を取るべきだ」という人がいます。

しかし、武士が日本人のマジョリティ（多数派）だったことはありません。その数は1割に満たず、農工商といわれる平民が9割です。それなのに、武士道を引きあいにして、「かくあるべし」と論じるのは、決して常識的と言えないことなのです。

「武士たるもの七度主君を変えねば武士とは言えぬ」という言葉をご存じでしょうか。武士ならば、その時々に強い主に仕えて、出世していこうという言葉です。「かくあるべし」にこだわりすぎた武士よりも、この言葉を残したとされる藤堂《とうどう》高虎《たかとら》のように、時代を先読みし、そのときそのときで最良の行動を選んだ武士のほうが出世をしているという事実もあります。

「かくあるべし」は、往々にして人に我慢を強《し》います。

我慢ばかりの人生が楽しいはずはありません。我慢のために窮屈《きゅうくつ》な人生となり、知らず知らずのうちに身も心もずたずたになってしまう人も少なくありません。

時代の変化が激しい今だからこそ、「かくあるべし」から脱却することで、心が軽くなる生き方にシフトしていくのがよいのではないでしょうか。

「我慢する」がなくなる3つの方法

我慢しなくてよくなるためにできるトレーニングがあります。

「我慢している人をよく観察すること」
「我慢をしたときに自己分析をすること」
「意識的に我慢をしないようにすること」

の3つです。

トレーニングと聞くと、「なんだ、型にはめるということか。それなら根本的な解決にならないじゃないか」と言う人がいます。でもこれは正しくありません。
有名な話ですが、アメリカでは１９６０年代から学校での非行が問題となりました。それに対してさまざまな取り組みが行なわれたのですが、その中で１９９０年代に入り「ゼロ・トレランス方式」が導入されました。トレランスとは、寛容さのことです。

寛容さを排除し、学生の非行に対する細かな罰則を定めて、違反をしたら有無をいわさず処罰を与えるようになったのです。

これにより、アメリカの学校では遅刻やケンカの回数といった仔細《しさい》なルールが定められたのですが、その結果どうなったかというと、校内暴力などの問題が目に見えて減ったのです。

はじめから心を変えることを目指すのではなく、行動を変えることで心も矯正《きょうせい》していくというこの考え方は、「行動療法」の考え方をベースにしています。

どうしても我慢してしまうという自覚があるならば、我慢しなくてもよくなるように行動から変えてみるのは、有効な手段だといえるのです。

それでは、それぞれの方法を見ていくことにしましょう。

「我慢する」をなくす方法①
我慢している人をよく観察してみる

日本人は、本当に我慢が好きなので、きっとみなさんのまわりにも我慢をしている人がいると思います。

彼らをよく観察してみてください。

暗い顔をしていませんか？　悲壮感が漂っていませんか？　今にも叫びだしそうな血走った目をしていませんか？

自分はどうしても我慢しがちだという人は、自分と同じように我慢している人を見ることです。そうすることで、いかに我慢があなたの心を蝕《むしば》んでいるかがよくわかると思います。

我慢をしている人をよく観察したうえで、「こういう見方をすればいいのに」という提案書をつくってみてください。これは自らの「我慢癖」を直すことに有効です。

人間というのは、自分の言動については気づかないことは多いものですが、他人の言動については、岡目八目《おかめはちもく》ということばがあるように、冷静に見られるものです。

上司が、「こうに決まっている」みたいな決めつけをする場合は、「ほかの可能性だって考えられる」と思えるでしょうし、「親の面倒は、やはり長男である俺がみないといけない」と思っている人にも、「かくあるべし思考が強いな」と見えてくるわけです。

これらは、最近もっとも有力な心の治療法である認知療法でいうところの「不適応思考」なのですが、この認知療法の発想を応用して、我慢している人の話をよく聞いたうえで、「それはこういう見方もできる。そうすれば気持ちが楽になるのでは？」というアドバイスを頭の中でつくってみるのです。

居酒屋で愚痴をこぼしている隣客や、カフェで文句ばかり言っているママ会などにも利用できます。

彼らが話していることをよく聞いて、「こういう見方をすればいいのに」と頭の中で提案することで、我慢を我慢ではなくする「発想の転換」ができるようになります。

「我慢する」をなくす方法②

我慢をしてしまったときは自己分析をしてみる

我慢をする人がなぜ悩むのかといえば、我慢をする自分を無理に変えようとするから悩み続けることになります。

我慢をする自分から脱却するには、なにはなくとも自己分析を行なうことです。

「なぜあのとき、上司からの飲み会の誘いを断れなかったのか」

「なぜ、夫に対して育児を手伝ってほしいと言えなかったのか」

といったことを冷静に考えてみてください。

たとえば、上司からの誘いを断れなかった場合には、自己分析をすることで、

「上司からのしっぺ返しが恐いから」

「出世や人事評価に悪影響が出そうだから」

といった理由が出てくるでしょう。

そうすると、

「しっぺ返しがこないような断り方を考えればいいんだ」

といったことや、

「断ることで出世や人事評価に影響が出るのか、身近な先輩に聞いてみる」

「コンプライアンスを扱う部署に相談してみる」

といった解決の糸口が見えてきます。

変えられないことを変えようとするのではなく、変えられないことは受け入れて、変えられるところを探すのです。そのための自己分析です。

「次は断るぞ」と自分にムチを打って決心するのではなく、冷静に自己分析をすること。そうすることで、我慢しなくて良い方法が見つかるのではないでしょうか。

「我慢する」をなくす方法③

意識的に我慢をしないようにしてみる

ここまで書いた二つの方法と少し矛盾するかもしれませんが、意識的に我慢をしないようにすることも大切です。

我慢してしまう人の多くは、完璧主義の傾向を持っています。

「みんなから好かれたい（あるいは誰からも嫌われたくない）」

「完全な書類やプレゼン資料を作りたい」

といった性格です。

こういった完璧主義は、我慢につながるのでやめることです。

そもそも我慢してやり続けたところで、完璧にはなりません。

自分が我慢してがんばりさえすれば、完璧なものができるというのは、「思いあがり」に過ぎないことが大半です。

それならば、はじめから意識的に我慢しないようにすることです。

と、簡単に言ってもなかなかできることではありません。

そこで重要なのが、とりあえずできる小さなこと、当たり障《さわ》りないことから始めることです。

たとえば、上司からの飲み会の誘いを断るのが難しければ、飲み会の二次会を断ること。あるいは普段のちょっとした頼まれごとを断ることから始めてみてください。

そういった小さなことから始めていくことで、徐々に我慢しなくていい癖がつき始めます。

自分は自分、人は人です。思いのほか他人はあなたのことを見ていません。飲み会にばかり誘ってくる嫌な上司も、「あなたと飲みたい」のではなく、「1人で飲むのが嫌なだけ」だったりします。

そのことに気付くためにも、小さなことから始めるのがいいと思います。

我慢をすると
なぜ人は幸せになれないのか?

我慢をしてしまう人の多くが、ものごとを損得勘定で考えられない人です。

そういうと、「損得勘定をしているから我慢してしまうのでは？」と感じる人もいるかもしれませんが、多くの場合、それは当てはまりません。

たとえば、あなたには好かれたい異性がいたとします。その人に好かれるために、あれやこれやと我慢します。

想像してみてください。我慢ばかりしていて常にどことなくイライラしている相手を好きになる人がいるでしょうか？

もしくは、自分の性格を押し殺しているあなたに万が一振り向いてくれたとして、その偽りの性格のまま付き合っていくつもりでしょうか？

どちらも首を縦には振れないと思います。

それならば「どうしたらその人の情報が得られるのか」や、「お近づきになるには、まず親しい友人と飲み友達になろう」とか、そういったことを模索するほうが、よっぽど賢いことだと思います。

特に日本人は、結果よりもプロセスを大切にする傾向を持っています。途中経過ばかりを気にしていて、肝心の最終的なゴールを見失っている場合もたくさん見受けられます。

ただし、これはある意味、仕方ないことかもしれません。

日本人はそういった教育を受けてきたからです。

たとえば、小学校の理科の実験では、やり方やグラム数が最初から決まっている、〝失敗しない方法〟をやらされます。

そこでは、最終的なゴールはあらかじめ用意されており、生徒に考えさせるものにはなっていません。こうした教育ばかりを受けていたら、途中経過にばかり目がいってしまい、短絡的な考えから我慢してしまう人が多いのも当然と言えます。

好きな異性がいる。その人と幸せな生活を送りたい。そう考えるならば、好かれるように我慢するのではなく、もっと別の方法があるはずです。

もしかすると、あなたの我慢は、「手段」となっているのかもしれません。
それでは幸せをつかむことはできません。〝目的思考〟を持つことで、無用な我慢をやめていくようにしましょう。

この目的思考とは、ここ数年話題となっている「アドラー心理学」でも重視されていることです。

たとえば、問題行動を起こす子どもがいたときに、その子どもがなぜ問題を起こすのか原因を探るのが原因思考です。それに対して、その子どもは問題行動を起こすことによって何を求めているのかを探るのが目的思考です。

この目的思考を持つことで、我慢しなくていい考え方が見つかることもあるのではないでしょうか。目的思考については、後でも言及しますので、ぜひ覚えておいてください。

「この方法しかない!」と一つの方法論にこだわらないこと

実は、我慢をしなくていい考え方というのは、たくさんあります。

先に書いた目的思考もその一つです。

得てして日本人は、「こう考えたらよい」ということを言うと、それにばかり頭を奪われてしまいます。それは正しいやり方ではありません。

スポーツで考えるとわかりやすいかもしれません。

たとえば、サッカーで「最先端のヨーロッパではカウンターアタックを仕掛けるのが主流」だとか、野球で「メジャーリーグではバッターに合わせた極端な守備隊形を敷くのが主流」だとか言われると、日本ではそれがすべてみたいな論調になりがちです。

本来ならば、状況やチーム事情によって、その良し悪しがまったく異なることは、想像に難《かた》くないと思います。

それと同じで、一つの方法論にこだわって良いことはありません。

〝ダメなら次のやり方〟でいいのです。あるいは〝いいとこ取り〟をして、TPOで使い分ければいいと思います。

最近では、医学分野の細分化が進んでいることで、「この症状ではこの対処法」というのが、事細かく決められてきています。

しかし、心の問題ではそうはいきません。

人の心は数字や方程式ではコントロールしきれないものだからです（本来なら身体の病気も同じだと私は思っていますが）。

「我慢しなくてよくなる考え方」という抽象的なことを模索するにあたって、正解はないのです。

いろいろな手法があって、その都度、ベストなものを選べばいいのです。

本書の中でも、こっちで言っていることと、あっちで言っていることで、矛盾していないか？　と感じられる人もいるでしょう。自己弁護するつもりはありませんが、それでいいと私は思っています。

「我慢」のすべてを消し去ろうとはしないこと

そもそも我慢という行為が問題となるのは、我慢によって苦痛を感じたり、精神的にダメージを受けるときです。

何かの行動を我慢する（やめる）ことが、すなわちそのまま問題解決につながるとは言い切れません。

私もよく参考にさせてもらっている森田正馬《まさたけ》が提唱した「森田療法」というものがあります。

これは「全体論」がベースとなっています。

こと医療の世界では、「木を見て森を見ず」になりがちですが、私はこの全体論は、よりよく生きるためにはとても大切だと思っています。

全体論とは、患者の症状自体を問題視するのではなく、「その症状があっても生きていけるようにする」というものです。

我慢ということでも同じです。

「多少の我慢があっても、よりよく生きていけることができる」ことで、我慢という行為が問題にはならなくなるのです。それはすなわち、我慢が我慢ではなくなるということです。

あるいは「そこの部分は我慢しなくても、全体としてうまく生きていける」ことを知るというのもあります。

この考え方ができるようになると、生活の質（クオリティ・オブ・ライフ）を高めるための道すじが見えてきます。

「諦める」が上手になると我慢が要らなくなる

全体論で必要なことは、諦《あきら》めることです。そして諦めることが得意な人は、我慢で悩むことが少ない人だとも言えます。

たとえば、仕事でも家庭でもいいのですが、自分の苦手なこと、不得手《ふえて》なことは、スパッと諦めて、得意な人に投げてしまうのが得策です。

「家事は妻がするもの」といった従来の考え方に縛《しば》られるのではなく、「家事の中で料理は得意だからやるけど、整理整頓は苦手だから夫に任せる」といったふうに、自分の得意不得意に合わせるのです。

あるいは仕事で、「この資料はどうがんばっても自分1人では満足できるものはできないから、とりあえず上司に提出してしまって、アドバイスをもらおう」

といったふうに潔《いさぎよ》く諦めるのです。

すでに書きましたが、完璧主義者ほど我慢しがちなのですが、それは、諦めることが苦手だからともいえます。

「別のやり方を探す」

「得意なことにだけ集中できるような土台を築く」

「できないことは後回しにする」

といった考えでもって、いろいろなことを諦めてください。部分的にできないことを、他の人に頼むことによって、その結果、全体としてうまくいけばいいのです。そうすると、我慢しなくてよくなります。

私の飯の種とも言える受験産業でも、

「苦手な分野よりも得意な分野を伸ばせ」

「数学が苦手なら、問題を解くのを諦めて先に答えのページを見よう。解き方を覚えたほうが効率がよい」

というのが持論です。

結果として、そのアドバイスに従った学生の多くは、合計点としての成績を伸ばしています。

我慢でストレスを溜めると身体にどのような弊害が起こるのか?

我慢をすると、人間は大きなストレスを感じます。もちろん人間の生活には、適度なストレスは必要です。

しかし、過度なストレスを感じ続けることによって、免疫機能は低下することがわかっています。

日本人の死亡原因のトップは癌です。実に3人に1人が癌でなくなっています。

意外に知られていないことですが、癌による死亡数が増えているのは、先進国では日本だけとも言われています。

その原因を考える前に、癌が発生するメカニズムについての有力な仮説を簡単に説明しましょう。

人間の細胞は絶えず細胞分裂を繰り返しています。そのときに、一定の割合でミスコピーが生じ、出来損《できそこ》ないの細胞ができます。

年齢とともにこのミスコピーの割合が増えます。

通常、この出来損ないの細胞は免疫細胞が排除してくれるのですが、この免疫細胞（NK細胞）の活性は20歳をピークに低下していきます。

そのため、高齢になると排除されなかったミスコピーの細胞が増え、その一部が勝手に増殖を始めることで癌になるのです。

そう考えると、この50年ほどで30歳以上も平均寿命が伸びた日本人に、癌患者が増えているのは当然かもしれませんが、長寿化だけが原因ではありません。

実際に癌とストレスの関連性を示す研究結果があります。

たとえばオーストラリアのシドニー・ジスーク教授の研究に、うつ病とうつ病ではない人の「免疫細胞の活性の推移」を調べたものがあります。それによると、うつ病の人のほうが免疫細胞の活性が低いことがわかっています。

また、伊丹仁朗《いたみじんろう》博士の研究では、笑いによって免疫細胞の活性が低い人でも正常値に近づくこともわかっています。

つまり、日々の生活において、我慢をするとストレスを感じて免疫機能を低下させることにつながり、不健康（癌）になる。逆に、我慢をせず、笑いを生むような快体験をたくさんすることで、免疫機能が活性化し健康になる、ということです。

ですから、美味しいものを食べるとか、好きな相手ばかりと付き合うとか、観たいテレビを観るとかいった快体験は、我慢をせずにどんどんやるべきだといえるのです。

エッチ心を我慢すると老化するのが早い

「いい年をして、まだエッチなことを考えているなんて、なんてイヤらしいのか」

日本では、性に放漫な中高年に向けて、そんなふうな批難が飛びます。

しかし、下手な節制は、老化の原因になります。

性についても、食についても、我慢をしない人のほうが、若々しくいられることがわかっています。

実際、四六時中《しろくじちゅう》エッチなことを考えているように見えるタレントの高田純次さんは、もうすぐ70歳を迎えようとしています。到底そうは見えませんよね。

「だからセックスをしよう!」ということではありません。セックスをしなくても、素敵な異性と一緒に過ごす、お気に入りの芸能人を追っかける、さらに異性の目を気にして外見に気を遣うといったことだけで十分です。

それによって、性ホルモンが盛んに分泌され、若さを保つことができるのです。

拙著『45歳を過ぎたら「がまん」しないほうがいい』でも書きましたが、いつまでも若々しくいたいのなら、女性なら女性らしくありつづけること、男性なら男性でありつづけることが重要です。

その意味では、少しでも老化を遅らせたいと願うなら、我慢を避けることです。エッチなことも、我慢せずに考えることです。もちろん犯罪を犯したり、嫌がる相手に対してそういった話をするのは論外ですが……。

みなさんの身近にも、見た目と年齢が不釣り合いなダンディな男性や色気を醸している妖艶《ようえん》な女性がいると思います。彼らを観察すれば、我慢が老化の原因だということが、身に沁みてわかるでしょう。

もし話ができるような関係性の相手ならば、若さの秘訣を聞いてみてもいいでしょう。我慢とは遠い生活をしていることがわかるのではないでしょうか。

肉を食べても良いし、無理に運動をしなくてもいい

いつごろからか、欧米型の食事は体に悪いとされました。肉は控えて、魚介類や野菜を中心とした食事を摂《と》ろうというのです。

しかし、日本の平均年齢が上がっていった過程というのは、食事の欧米化の進行と正の相関関係にあります。そう考えると、本当に肉食が悪いことなのか疑問に感じます。

そもそもなぜ「肉を我慢しよう」ということが言われ出したのでしょうか。欧米では1970〜1980年代に、「肉の摂りすぎは体に良くない」と言われたのが始まりだとされます。

そのときのアメリカ人の肉の摂取量は、1日280グラムです。現在の日本人

の肉の摂取量は、1日80グラムだそうです。

アメリカやヨーロッパ、特に肉食が盛んなドイツなどに行くとよくわかりますが、街を歩けば本当にたくさんの肥満者がいます。それに比べれば日本は、ほとんどいないといえるほど肥満者は少ないのです。

それなのに、欧米で「肉を減らそう」という動きが現れると、日本でもそれに倣《なら》って肉食を避けてしまう……根も葉もないことなのになぜでしょうか。


コレステロールについても、摂取を控えようという話が盛んに言われています。コレステロールが一概にダメなわけではなく、善玉コレステロールは良い、一方で悪玉コレステロールはダメだというのが最近の流行《はや》りです。

しかし、コレステロール値は「中~高め」がもっとも長生きだというデータもありますし、悪玉コレステロール（LDLコレステロール）とされているものは、癌やうつ病になりにくくしたりする働きももっています。

これが心筋梗塞や脳梗塞が死亡原因のトップに来るようなアメリカやヨーロッ

パであれば、悪玉コレステロールを控えようというのが的《まと》を射《い》ていますが、癌による死亡率が高い日本では、そうではないことは容易に想像できることです。

運動も同じです。

肥満者が多い国では、運動をすることで健康につながりますが、そうでない日本では、一概に言えません。苦痛を感じ（我慢し）ながら運動することによるストレスのほうが多いこともあるでしょうし、激しすぎる運動は健康を害する可能性もあります（ここでは詳述はしませんが、フリーラジカル説で考えると、過剰な運動によって細胞の損傷が大きくなるとされます）。

もっと言えば、冒頭でも述べたように、今の日本の基準で言えば、やや太めの人のほうが長生きだという研究結果も出ています。

痩せるため、ダイエットのための運動や食事制限が、命を縮めている可能性があるということです。

私自身、あまり運動をしませんが、人からよく「和田さん、いつまでもお若いですね」と言われます。

また、激しい運動をするアスリートには、年齢のわりに老けて見える人が少なくありませんよね。

こういった健康に関する我慢については、たくさんの誤った情報が流布しています。そのあたりの詳しいことを知りたい方は、ぜひ拙著『「がまんしない人」は病気にならない』などを参考にしてください。

「我慢は美徳」を捨て去れば軽い気持ちで生きられる

最近、「体罰」をめぐる議論が盛んに行なわれています。

体罰賛成派の意見を要約すると、「教育のためなら、節度のある体罰なら良しとする」ということだと思います。

彼らの多くは「自分も体罰で育ってきたし、体罰のおかげで人間として成長できた」と自らの体験をベースに話します。体罰による教育を美談として、あるいは体罰を我慢することを美徳として話すわけです。実は、彼らのような体罰賛成派が出てきた背景には、戦争があります。


昭和22年にできた学校教育法には、はっきりと体罰を禁止することが記載されていますし、学校教育法ができる以前にあった「教育令」でも体罰は禁止されていました。

しかし、昭和初期頃になって教育の現場に軍事教練が入ってきました。

その中で、身体的なしごき、いわゆる体罰が行なわれるようになってしまったのです。

教育の現場に軍事教練が入ってきたことに加え、軍隊帰りの先生が平気で鉄拳制裁をくらわせるということも多々ありました。

戦後は民主教育だと語る人がいますが、それは事実ではなくて、戦前の軍部が出てくる前のほうがよっぽど民主教育といえるものであって、戦後教育というのはどちらかといえば、軍隊の影響が強いのです。

なぜこんな話をしたかといえば、現在の日本人が持っている、我慢を良きものとする思考が、戦時中の「欲しがりません、勝つまでは」の延長によるものだということに気づいてほしいからです。

実際、この10~20年は、体罰が学校現場からほとんど消え去りました。それはほかでもない、軍隊帰りの先生たちがどんどん引退していき、さらには彼らが実施してきた教育の影響力が薄まってきたからなのです。

もともと日本人は我慢しない生活が憧れの的だった

明治時代、大正時代の日本というのは、豊かになるにつれて、だんだん我慢しなくてよくなっていきました。

１８８３年にできた鹿鳴館《ろくめいかん》に代表されるような欧化主義や、１９１０年～１９２０年代に起きた大正デモクラシーでもそうなんですが、どちらかといえば我慢よりも贅沢をしようという流れでした。

一般の国民が、実際にそういう生活ができていたかは別として、憧れや理想は「我慢しなくて良い生活」だったわけです。

その中で戦争が起き、我慢のほうを重要視する流れになってしまった。実にもったいない話です。

実は、1919年のパリ講和会議のときに「人種差別撤廃」を叫んだのは日本でした。国際会議の場で人種差別撤廃が主張されたのは、これが初めてだと言われています。

実際、アメリカでは、バス車内での人種分離に見られるような人種差別が1960年代くらいまで公然と行なわれてきたわけです。

先にも書いたエッチな文化もこの時代には、春画であれ、伊藤晴雨《せいう》のような縛り絵であれ、エロ画が堂々と世に出せていたのは日本くらいです。

いろんな意味で日本というのは、すごく開けた国でした。言い換えれば、我慢しない先進国だったのです。少なくとも豊かになれば、我慢しなくてすむようになると多くの国民が信じていました。

それが、先の戦争によって180度考え方が矯正されてしまい、「我慢をしなさい」という文化になってしまいました。

実にもったいない話だと思います。

そろそろ「我慢して働くことが美徳」という考えを改める

大正～昭和初期は永井荷風《かふう》のような高等遊民がいて、庶民からは憧れられ、商売人からはありがたがられていました。

しかし、戦争の足音が強くなってきたことで、

「働かざるもの食うべからず」

になりました（都合よく働いてくれたり、税金を納めてくれたほうが嬉しい経営者やお役人たちの刷り込みによって、いまだにその考えが色濃く残っていますが……）。

基本的に、今の日本人は働きすぎなのです。

たとえばイタリアだったら若者の半分が失業している。でも彼らは生活保護で生活できているわけです。

日本だと若者の4割が非正規雇用で、「ひーひー」言って働いています。ところが、一人あたりのGDPはイタリアと日本はほとんどかわらない。なんのための我慢なのか、もはやよくわからないですよね。

だからもういい加減、「我慢して働くことだけが良いこと」という考えを改めないといけないと思います。

経済というのは、「生産」と「消費」で成り立っているのです。

みんなが我慢している限りには、「消費」のほうが増えないので、一向に景気は良くならないと思います。

「働かなくても食べていける」は今も昔も人類の理想

なぜ人間はロボットを作るのでしょうか。

なぜ工場などでは機械化を目指すのでしょうか。

あるいは、なぜ自動車や飛行機は発明されたのでしょうか。

戦争があったからと言う人もいるでしょうが、それだけではありません。

究極的には、「働かなくてもいいようにしたい」というのが人類の理想だったからです。


アニメ『ドラえもん』でも、ドラえもんが産まれた(作られた)22世紀では、ボタンを押すだけで調理された食事が出てくるシーンが描かれています。しかし、その『ドラえもん』が産まれた国であるにもかかわらず、日本では「働かざるもの食うべからず」という論調が強まるばかりで弱まることはありません。

生活保護受給者に対して、「働いてもいないのに税金を使ってのうのうと暮らしている」と言われることすらあります。

でも、消費不況（生産に対して消費が足りない不況）と言われる昨今にあっては、生産をせずに消費だけをしてくれる彼らの存在はある意味で貴重です。

ひところ「嫌消費《けんしょうひ》」という言葉が出てきていました。欲しがらない若者が増えているというのです。この若者たちは、消費をしないことですら我慢でなくなっています。残念ながらそういった人が増えれば増えるほど、経済は停滞していくのです。

先にも書いたように、消費をすることが美徳だった時代もあります。バブル期もそうで、贅沢は素敵みたいな考え方が出てきた時代でした。

遊んだりお金を使ったりすることが美徳な部分もあるのに、その発想はバブルが弾けて以降、どこかに消えてなくなってしまいました。

そもそもバブルが本当に悪かったのかもわからないですよね。少なくとも、今よりはるかに景気が良かったわけですし、消費文化は盛んでした。

当時は日本人がアメリカの象徴的ロックフェラー・センターを買ったりしていましたが、今は逆に、皇居近くの土地を中国人に買われています。

バブルの反省なのかもしれませんが、我慢を神格化するのは、日本経済にとって良い結果をもたらすとは到底思えません。


生活保護叩きにしてもそうです。

「自分で働いて食え」とか、「国にお金をたかっちゃダメ」とか、「生活を倹約すればいいじゃないか」とか言いますが、消費不況なのに、そういうことを言ったらよけいに消費不況がひどくなるだけだと思いませんか？

生産することなく、消費だけしてくれる生活保護者は、日本全体からみれば、ある意味ではありがたい存在でもあるわけです。

「我慢しなくていい時代」を世の中は認めはじめた

若者の消費離れが叫ばれて久しいので勘違いされがちですが、日本社会も徐々に我慢しない生活が広がりつつあります。

豊かな社会になると、生き方が多様化するのが社会の縮図です。

「妻が働いて夫が主夫《しゅふ》になる」
「会社勤めをやめてフリーランスで働く」
「会社のフレックス制度を利用して、出勤は週3日だけ」
「生活費の安い海外や田舎で暮らしながらリモートで働く」

といった人が少なくありません。

それを可能にしているのは、インターネットやスマートフォンといった通信技術の発展があったからという側面と、東日本大震災に遭った日本人が、「いつ何が起こるかわからない」という価値観の中で、自分の生き方を再考する人が増えているからという側面もあります。

これらを要因にして、段々と我慢をしない生き方を選ぶ人が増えてきているのでしょう。

では、「我慢しないはずの若者たちが物を買わなくなっている」というのは、どういうことかと疑問に思う人もいるでしょう。

たとえば今の20代は、〝車離れ〟が激しいと言われていますね。実は、彼らは我慢して車を買わないようにしている、あるいはお金がなくて車が買えないというのではないのです。

〝必要性を感じていない〟から買わないだけです。

車は要らないものになってしまうと、そこに我慢もなにもないのです。

第2章

「我慢する」はこうして転換する

お金の話をタブーにする必要はない

タブーにされがちなお金の話題ですが、本当はみなさんお金の話題が大好きだと思います。たとえばママ友同士でお茶をしているとき、夫の仕事の話になることは少なくないと思います。

「うちは帰りが遅くて、育児も家事も全部私がしているわ」

「うちは早く帰ってくるのはいいんだけど、〝家でくらい休ませてくれよ〟と言って何もしてくれないから邪魔なのよね」

などと愚痴をこぼしあったり。

でも、本当はお金の話題がしたくてウズウズしていませんか？

「いくらもらっているの？」

「夏のボーナス、おたくは出る？」

「住宅手当はあるの？」

などなど、お金の話題を挙げることを我慢していませんか？

学校の同級生同士での会話でも、同僚との会話でも、同じだと思います。本当はお金のことをあけすけに話したいと思っているのに、あらゆる場面で我慢しているのではないでしょうか。


仕事でもプライベートの場でもそうですが、お金のことは支障のない程度に話したほうが生きるのがラクになります。

ママ友同士の会話でも、「うちは５００万円くらいだけどおたくはどう？」と聞いていいでしょう。なぜなら、あなたが知りたいことは、相手も知りたいことだということがほとんどだからです。

大切なのは、聞く一方ではなく、こちらも手の内を明かすこと。さらには、ある程度の信頼関係がある中で行なうことです。

これは仕事でも言えます。

「ここだけの話ですが、実はこの商品の仕入れ値は５００円なので、これ以上は値切れないいんですよ」

などとお金のことをクリアにすることで、思いのほか仕事や交渉がうまくいくこともあります。

私自身、これまでにたくさんの本を出版してきましたが、最初からお金の話をしてくる編集者はあまりいません。打合せをする度に、「原稿料や印税がおよそいくらになるのかを先に話したほうがいいのに」と思っています。

なぜなら、先にあけすけに話すことで納得感が生まれるからです。

「だいたい相場だと60万円くらいかな」

と当たりをつけていて、実際に蓋《ふた》を開けてみたら50万円だった場合と、最初から、

「相場より安くて申し訳ないのですが、今回は50万円しかお支払いできないんで

すよ」

というのでは、納得感がまったく異なります。そのことは誰にでも想像がつくことです。

それなのになぜかお金のことは言いづらいのか、後出しにしてしまう。後出しにすることで、「○○さんち、勤め先が△△だから年収1000万円以上もらってるみたい」といった噂話が出まわったりして、よけいややこしくなったりします。

わだかまりが残りやすいお金の話題だからこそ、我慢せずに最初から言及したほうがよいのです。

もちろんどんな場面でもそうだとは言い切れません。

ある程度の信頼関係があってのことですし、たくさんの人の耳に入るような場所だったり、インターネットのSNSなどでは、お金の話はすべきではないからです。

頼まれた仕事を断るための二つのポイント

頼まれた仕事を何でも引き受けてしまう人がいます。

仕事を溜め込んで溜め込んで、気づいたときには納期に間に合わなくなっていたり、精神的に参ってしまったり……。処理しきれない仕事を断れないのは、会社にとっても、本人にとっても良いことは何もありません。

だからといって、仕事を断るというのはとても難しいことです。

相手が上司やお得意さん、常連さん、支払いの良いクライアントであれば、それはなおさらのことです。

どうすれば、処理しきれない仕事を我慢せずに首尾よく断ることができるようになるのでしょうか。

そのポイントを二つ紹介しましょう。

まず一つは、「自分が処理できる範囲をきちんと見定めておく」ということ。過大評価をすることなく、また過小評価もすることなく、妥当性と客観性をもった自己評価を行ない、書き出してみてください。

たとえば、「A」という資料作成の業務があったとして、一つの「A」に何時間かかるのか、週に何個までなら就業時間内にできるのかといったことを把握しておくのです。

そうすることで自分の限界がわかるようになり、とっさの頼まれごとのときにも、何となく承諾してしまうということがなくなります。

もう一つのポイントは、タイミングを見て、相手にその自己評価を伝えることです。

なぜあなたに仕事が山積するのかといえば、頼んでくる相手が「あなたにならできる」と思い込んでいるからです。

でも、それが本当にできるのかどうかは、あなた自身にしかわかりません。だからこそ、それをきちんと伝える必要があるのです。

自己評価を伝えることで、たとえばそれが上司ならば、締切時間を猶予してくれたり、ほかにもっとできる人間に仕事を振ってもらうことも可能です。

その上司からしても、部下であるあなたが我慢をし続けて、最終的に仕事がポシャってしまえば、自分が責任を取らなくてはなりません。ですから、きっと無理強いはしなくなるでしょう。

ただし、先ほど「妥当性や客観性がないといけない」と書きましたが、これはとても重要です。

妥当性や客観性がなければ、「ただサボりたいだけだろう」と思われてしまうからです。

命令してくる人への対処は、その人の上の人に相談する

無理強いしてくる人の中には、ただ命令したい人、威張りたいだけの人もいます。そういう威圧的な態度で命令してくる相手に対しては、自己評価を伝えても意味がなく、あなたの我慢は続いていくことになります。

責任感が強かったり、プライドが高かったりする人ほど、言われたことを何とかこなそうと我慢しがちです。

最終的にあなたの手に負えない問題にまで発展してしまったら、いったい誰が得をするでしょうか。なるべく早く、我慢せずに誰かに相談してください。

同僚でも、先輩でも、人事部でも、家族でも、労基署でも誰でもどこでもいいので相談してみてください。きっと具体的なアドバイスをしてもらえたり、手伝っ

てもらえたりできるでしょう。

日本人は、我慢や忍耐を美徳だと思っているフシがありますが、「無理強いされた結果どうなるか」については、想像力を働かせればすぐにわかることです。たとえばオシッコを我慢するほど忍耐強く働いたとします。結果的に膀胱炎になり、3日間の休みを取らなくてはならなくなったとなれば、会社にも上司にもあなたにも、誰のためにもなりません。ただの損失です。

誰かに相談するだけでなく、命令ばかりしてくる上司をなんとかしたいのなら、上司の上司や経営責任者に相談することも一つの解決方法です。

そこで大切なのは、きちんと「会社にとってどう不利益となるのか」を伝えることです。それがなければ、上司の上司や経営責任者は、命令する上司の肩を持つ可能性が高いでしょう。

会社において〝臭い飯を食ってくれる〟人間は、意外と重宝されていることもあるからです。

遊びやセックスを我慢する必要がどこにあるのか？

してもいい我慢というのがあります。

それは、我慢することが良い結果をもたらすものです。それは見方によれば、我慢ではないとも言えるのですが。

たとえば肉が好きなのに体に悪いからと我慢していたら、そのほうが早死にしてしまった……というのでは、我慢している意味がないですよね。セックスがしたいのに我慢をしていたら、男性ホルモンが減ってきて早く老化してしまった、というのも同じです。

結果がいいと思っている我慢が、実は悪い結果を生んでいるということは多々あります。それは遊びの我慢に関しても言えることです。

非難されがちなギャンブル、タブー視されがちなセックス、お金がかかるので眉をひそめられるゴルフなどの趣味、これらは家族や社会から我慢するようにと咎《とが》められることも多いのではないでしょうか。しょっちゅう誰かから小言を言われていると、何だか後ろめたい気持ちにもなってきます。

でも考えてみてください。

これらの遊びの目的は何でしょうか？

ストレスを発散させることですよね。気分転換という良い結果がもたらされるにもかかわらず、目先のお金のことや他人の目を気にして我慢をするのは、論点がずれているように思います。

もちろん遊びには節度が必要です。

借金まみれになってしまうまでギャンブルにハマってしまえば、それはそれで問題です。

ただ、ここでも一つ盲点があって、実は「依存症」と呼ばれるような状況になるのは1人でコソコソやっている場合がほとんどです。

つまり、ギャンブルであれば、家族に隠れてやっている人のほうが依存する確率が高いということ。

それはそうですよね、オープンにやっている人ならば、依存症になっているかどうかが見てわかるからです。


また、遊びの目的がストレス発散ではなく、別のものになってしまった場合も注意が必要です。

ギャンブルであれば「お金儲け」が目的となったらそれは黄信号。なぜなら日本でできるギャンブルにおいて（世界中どこでもそうだと思いますが）、確率的に儲かることはあり得ないからです。

そういうことを除けば、ストレス発散のために、節度ある遊びをする分には、誰かに咎められたからといって我慢する必要はないといえます。

相手が悪いことをしているのに注意できないのは、その人が嫌いだから

相手が過《あやま》ちを犯しているのに言えない、注意することを我慢してしまうという人がいます。しかし、はっきりと申し上げれば、それは我慢とはいいません。ただの躊躇《ちゅうちょ》です。

我慢というのは、一般的には「よかれ」と思って不本意なことをすることです。繰り返しになる部分もありますが、我慢とは単に不本意なことをするだけではなくて、それをすることで、自分の社会的信用を上げるとか、他者のメリットになるとか、健康を増進させるなど、そういうことを指します。

つまり本当に相手が過ちを犯しているのに、注意することを我慢してしまうのならば、本質的なところで、あなたはきっとその人のことが嫌いなのです。

嫌いだから、もっと悪の道へ押しやることになっても、「まあいいや」と思って、注意したい気持ちを我慢するのでしょう。

好意を抱いている相手に対してならば、過ちを正そうとするのは当然のことです。

そこには躊躇も我慢もありません。

「やめたほうがいいよ」と言うだけです。

万が一、「やめたほうがいいよ」と言うことで摩擦が起きるような状況、たとえば、その人は「良いことだと信じ込んでそれを行なっている」などであれば、「その先にもっと悪いことが待っていること」をきちんと伝えましょう。

こういうことは、得てしてマルチ商法やカルト的な宗教などで起こりがちなので難しい問題ではありますが、相手のことを思う気持ちがあるのならば、躊躇してはいけません。

もし自分の手には負えないのなら、その手のプロに相談することも大切です。

相手の「頼りすぎ」に対しては我慢せずに注意すべき

「人間関係を壊したくないから、なかなか注意することができない」という日本人は多いと思います。

先ほど書いたような、ハッキリとした過ちであれば我慢も躊躇もへったくれもなく正してあげることが大切ですが、〝頼りすぎ〟のような相対的なことは、特に難しい問題です。

でも、このときも先の例と同じように、本当にその人のことを思う気持ちがあるのならば、しっかりと伝えてあげることです。

頼りすぎのせいで、その人がどんな損をしているのかを書き出し、理論的に伝えてあげましょう。

もちろん言い方には気をつけなくてはいけません。

公衆の面前で、「それは違う！」と恥をかかすようなことを言えば恨みを買いかねません。

陰にまわって、

「失礼なこと、よけいなおせっかいなことかもしれませんが、ここを直しておかないと、後でつつかれるかもしれないですよ」

というふうに、なるべく波風を立てないように伝える工夫は大切です。

言葉は悪いですが、もしどうでもいい関係性の相手だったら、自分への戒《いまし》めに利用しましょう。

「こんなふうに人に甘えると、相手に不快感を与えるんだな」という教訓だけ学んで、あとは極力顔を合わせないようにすればいいだけです。

「自己中の人」でも見方を変えると冷静に対処できる

実は、ありとあらゆることに良いも悪いもあって、先ほど言ったことと矛盾するかもしれないのですが、いつでもあなたのほうが正しいわけではありません。

たとえば、少しむずかしいテーマになってしまうのですが、格差社会について、国によってその良し悪しは変わってきます。

アメリカのお金持ち、とくに共和党支持者たちは、格差社会の信奉者です。それは、「お金が余ったときは寄付をする」という考え方が根本にあるからです。

政府に任せてしまうと、軍事予算に使うかもしれないし、何に使うかわからない。寄付なら、それが直接貧しい人や慈善活動にいくのだと考えています。

ところが日本のように金持ちがケチな国は、格差社会は良いものとは言えない。

極力金持ちの税金を高くしたほうがいいでしょう。なぜなら、日本では、金持ちにお金を持たせていても自分の子どもに遺すことしか考えないからです。

少し話が脱線してしまいましたが、このように立場や環境が異なれば、ものの見方は変わります。

もしかするとあなたが自己中心的な人物（自己中）だと感じている人が、まわりの人はそうだと感じていないかもしれません。

もっと言うと、そういう人ほどまわりからの人望があったり、出世していたりすることもあるでしょう。

そういった場合には、発想の転換をすることで我慢を避ける方法を取るのがいいかもしれません。

部下の目線から見れば、その上司のしていることは自己中に見えても、会社の目線（売上げの面）から見れば、それは必要なことだったりします。

そういうことがわかってくると、その上司の自己中心的だと感じていた行動が、違って見えてきます。

するとと解決の道すじが見えてきます。


上司と同じように会社の目線でものごとを見ることができれば、上司と自分の進んでいる道は同じだと納得できますし、そもそも目標が異なっていると判明したならば、転職や独立のいい機会につなげることもできるでしょう。

相手のことが自己中に見えたときだけでなく、偽善者や独善者に感じたときにもこれは有効だと思います。

少し目線を変えるだけで、我慢をしなくてよくなったり、無駄な我慢だったことがわかったりします。

今の自分の感情に固執《こしつ》しないで、少し冷静になって違う角度から物事を見る練習もしてみましょう。

相手の復讐が恐いからと我慢せず、警察などに相談する

「こんなことを言ったらあとで何をされるかわからない」と言う人がいます。相手の復讐が恐くて萎縮《いしゅく》し、泣き寝入りせざるを得ないというのです。

そういうときは、〝相手の復讐が来ない方法〟を考えるのがいいと思います。なぜか日本人はプロや専門家に任せない風潮があります。本当は、利用できるものはとことん利用したほうがいいのに、自宅で老々介護を背負い込んだり、医者や看護師が警備員の役割を担ったりして、その結果よくないことになってしまっています。

究極的な話になってしまいますが、たとえばヤクザが恐くて泣き寝入りしなけ

ればならないという一般の人がいたとします。

日本の警察には信用できないところもありますが、それでも本来的にはヤクザに脅されるとかヤミ金に脅されるとかしたときには、警察に頼るのがいちばんいい方法です。

ヤクザも、警察にパクられるくらいなら無難に過ごしたいと考えているからです。


都市伝説として、ヤクザにつかまってドラム缶に入れられて海に沈められるなどと言われていますが、それは仲間内の戒律を破った人など、よほどのことがあった場合のみなのであって、一般市民の、たかだか数百万円程度の借金を踏み倒した人にするわけではありません。

バレたときに失うものが大きすぎるからです。


ヤクザの世界ですらそうなのですから、一般社会でも同じことがいえます。

もしブラック企業に勤めていて我慢を強いられているのなら、労働基準局に訴え出ればいいのです。

バレたら左遷されると心配する人もいるかもしれませんが、最近では、告発者を左遷したことによってメディアに叩かれたり、ニュースで報道されたりするので、会社のイメージが悪くなるとして企業も慎重になっています。

悪い結果が恐いのであれば、悪い結果が起こらない対策を練るほうが賢いのです。

そのほかにも、弁護士の知り合いに頼むだとか、組織内で「この会社ブラックだよね」と仲間を増やしていって、自分の身を守る方法を考えるとかのほうが大事でしょう。

あとで悪口を言われようとも我慢しないほうがいい

10時間のテスト勉強をして100点を取ったのと、3時間で100点を取ったのであれば、後者のほうがいいですよね。

同じように、我慢に我慢を重ねて何とか達成するのと、我慢せずに達成するのであれば、後者のほうがいいですよね。

つまり同等の結果が得られるのなら、我慢が少ないほうを選んだほうがいいということです。

ある結果を求めているとき、我慢をすること以外の解決法があることのほうが多いと思います。

先に書いた大学受験もそうですし、仕事上でも言えることです。

たとえば、やみくもに1000件の飛び込み営業をするより、10件のツテのある会社に行くほうが楽に成約数を稼げます。

我慢というのはあくまでもプロセスであって、結果ではないわけですので、我慢しなくても同等の結果が得られるのであれば、我慢しなくていいのです。


悪口を言われるかもしれないと思って、人に何かを指摘することを我慢することがあります。

それならば、何かを指摘する方法のほうを工夫するという手があります。

悪口を言われないように指摘する方法を模索するということですね。

ギャグのセンスを磨くことで、人間関係に波風立てることなく指摘したり、頭の中の話題を豊富にすることで、たとえ話でもって婉曲《えんきょく》に指摘したり。

ゴールが同じなら、違うルートを模索してみるというのは、とても有効だと思います。

嫌われるのが恐いから、つい〝いい子〟ぶってしまう？

嫌われるのが怖いから言いたいことを我慢するのではなくて、どうやったら嫌われないで言いたいことを言えるようになるか、ということが大切です。

精神科医として私がよく例に挙げるのが、人前に出ると顔が赤くなってしまう人の話です。

顔が赤くなることで嫌われるのが嫌な人は、精神科医のところへ来て「顔が赤くなるのを治したいのですが……」と言います。

そのとき、私ならこう答えます。

「顔が赤くなるのを治すのではなく、顔が赤くなっても嫌われない方法を模索してみたらどうですか？」と。

これは前にも書いた森田療法で用いられる方法です。

「実は、私は尊敬する人の前に出るとつい顔が赤くなってしまいまして、ひょっとしたら顔が赤くなるかもしれませんけど、それは尊敬している証ですから……」

みたいな言い方をすれば、逆に顔が赤いのが武器になったりするわけです。

短気な人の、短気になる理由を見つけるようにする

仕事でもプライベートでも、短気な人はわりあい身近にいます。そういう相手に対しては、何かを言いたくなっても、我慢しがちになりますよね。「これを言ってキレられたら面倒くさいし、止めておこう」と。

でも、そういう人は放っておくと、往々にしてつけあがります。よりタチが悪くなります。

では、どうすればいいのでしょうか。

私はアドラー心理学でいうところの、目的論を探るのがいいと思います。

その人が短気になる原因を探したり、癇癪《かんしゃく》を起こす理由をあげつらうのではなく、なぜ短気になるのかという目的を見つけることです。

目的がわかれば、解決法を伝えてあげることも可能になります。

たとえば、子どもが非行に走ったとき。その非行に走った原因を探り、それを解決しようとしがちですが、アドラー心理学では違います。子どもが非行に走る目的を探り、それを達成させてあげることに力を注ぎます。

もし非行に走る子どもの目的が、「目立つこと」だとわかれば、ダンスチームのリーダーにしたり、打ち込めるスポーツをやらせてみたりするのです。

短気な人に対しても同じように、なぜ短気なのか、その人の目的を探す方法を取ってみてはどうでしょうか。

たとえば、短気なほうが言うことを聞くと思っているようなら、短気でないときの命令のほうをまじめに取りあうというのもいいでしょう。

ずっと解決できなかった問題が、目的を探ることによって一気に解決へと向かう可能性があるのではないでしょうか。

暴言を吐く人には発想を転換して対処する

暴言を吐く人がいます。

それがどんなに建設的なものだったとしても、自分の発言に対する意見はあたり構わず暴言で返したり、論理的な意見交換をしている最中に、急に怒りのスイッチが入って怒り出したり。そういう人の始末に困っている人も少なくないのではないでしょうか。

我慢するのも苦痛だし、だからといって意見を言えば怒鳴り散らされるしで、八方塞《はっぽうふさ》がり。そんなときはどうしたらいいのでしょうか。

二つの発想の転換法があると思います。

まず、そういった暴言を吐く人というのは、誰に対してもそうなのだと思うことです。そういう人は、あなたに対する態度と同じように、ほかの誰に対してもきつくあたっているので、まわりのみんなもあなたと同じように困り果てている場合がほとんどです。

つまり、みんなあなたの味方なのです。そう考えると、胸につっかえていた棒がスッと取られた気がしませんか？

もう一つは、「この人も大変な生活を送ってるんだな」と思って向き合うことです。

人間というのは、自己愛が満たされていないときほど攻撃的になったり、凶暴になったりするものです。おそらくその人も奥さんに頭が上がらないなど大変な生活を送っている可能性が大です。

もしも、より高圧的な態度を取るようになってきたら、「この人も大変なんだなあ」と同情の気持ちを持つことで、いくぶん気持ちもラクになることでしょう。

ぜひ一度、試してみてください。

いい子ぶってもいいし、いい子ぶらなくてもいい

たとえば、こんな状況だったらいい子ぶっていいと思います。

「飲み会にしつこく誘ってくる上司がいるが、行きたくない。かといっていつも断ってばかりだと心象を悪くしてしまうかもしれないと、悶々《もんもん》としている」

それならば、いい子ぶって、

「飲み会は行けないのですが、ゴルフにだったら行けますよ！　今度連れて行ってください」

と切り返したり、飲み会を断った次の日に会ったときなどに、

「先日は参加できずすみませんでした。○○さんは飲み過ぎませんでしたか？よかったらこれ、二日酔いに効くお茶です」

と言って、ペットボトルのお茶を渡す。

こんなふうにして、ドライな部分といい子を使いわければ、本当に面倒なことは無理なく避けられるようになります。

相手がどうやったら喜ぶかを考えるほうが、我慢するよりもよっぽど重要なわけです。

一方で、いい子ぶらないことが大切な場面というのもあります。

いい子ぶったあとに、本当にいい子のイメージのまま続けられるのならいいのですが、いい子ぶることによって、よけいに窮屈な生活を強いられてしまうこともあります。

たとえば、いい子ぶって、自分は硬派な人間だから、シモネタのような下世話な話はしないという男性がいたとします。

でもそういう人は、女の子と2人で歩いているのが見つかっただけでとか、本屋さんでエロ本を立ち読みしているのが見つかっただけで、イメージが崩れる可能性を孕《はら》んでいます。

もともとスケベなやつだという話であれば、いい子ぶらないほうがかえって変な話が広がらないで済むのです。

真面目そうなタレントが、急に高田純次さんのようなエッチなトーク全開で話したらイメージが急降下ですよね。

あるいは、毒舌キャラをセルフブランディングしている坂上忍さんや有吉弘行さん、マツコ・デラックスさんらのやり方もいい見本になります。はじめから我慢しないキャラ（いい子ぶらない自分）を演出することで、何を言っても許されるようになるわけです（もちろん彼らはとてもポジショニングトークが得意なので、一線を越えた毒は吐かないようにしているのですが）。

彼らをイメージすれば、いい子ぶったり、いい子ぶらなかったりは、その時々で使い分けることも重要だということがよくわかるのではないでしょうか。

人は自分で考えているほど、みんなに見られていないもの

ＮＨＫの番組、『鶴瓶《つるべ》の家族に乾杯』をご存じでしょうか。

あれを見ていると、日本人女性の多くが、

「化粧してないから、映さないで〜」

と顔を隠しながら登場します。

それでも鶴瓶さんは臆することなく絡んでいくから、結局はほとんどの人が化粧していないことを忘れたように、普通にテレビに映るようになります。

人は自分で考えているほど、みんながあなたのことを見ていることはありません。

このことはよく話題にするのですが、私は講演会の途中でときどき実験をします。講演会の講師ならば、普通はみんなの注目を集めていると思いますよね？

しかし、いきなり両襟《えり》でネクタイを隠しながら、

「今日、和田秀樹は何色のネクタイをしていたでしょうか？」

と質問すると、覚えている人はごく少数派であることがわかります。

先に書いたテレビ番組の例のように、これは慣れの問題でもありようです。すでに行動療法のことは述べました。行動を矯正することで、心の問題も解決するという方法です。

これは、世間の目を気にしすぎで我慢しがちな人にもあてはまることではないでしょうか。

夏にプールや海に行くと、

「お腹が出てるから恥ずかしい！」

と最初はお腹を隠しながら着替えるのですが、30分後にも同じようにお腹を隠している人は少ないと思います。それと同じことです。

つまり慣れてしまえば、大概のことは気にならなくなるし、それによって世間から白い目で見られることもないということです。

「いい人」でいると、代償として我慢を強いられることになる

結局のところ、我慢をする人にいちばん欠けているのが、結果の判断です。

「KY」と言われるのを恐れてみんなに合わせている場合を考えてみましょう。

この場合、みんなに合わせている限り目立つ人にはなれないわけですから、嫌われないかもしれないけど好かれもしません。

嫌われないという目的があったとしても、誰かの悪口でみんなが盛り上がっているときに、不本意なのにまわりに合わせてその人の悪口を言っていたら、逆にどこからか、

「あいつ○○の悪口言ってたぞ」

という話になるかもしれないですよね。

1人くらいはスパイみたいなやつがいないとは限りません。

このように、結果が読めていないから、我慢が悪い結果につながるケースがよく起こります。


いまの子どもを見ていても、いじめとか、「既読スルーしてやろう」というような仲間はずれにしても、「かわいそうだと思う」とは言えずに、いじめる側の仲間になってしまう。

嫌われないためにいじめに加担するわけですが、結果的にその相手にものすごく恨《うら》みを買うかもしれませんし、もしくは自分のメンタルヘルスにも悪かったりします。

ただ、子どもの場合は、そういった我慢の結果がどうなるのか想像がつきません（大人であってもできるとは限りませんが）。

だから、優等生と呼ばれるような子どもほど、親である大人がフォローしてあげる必要があると思います。

もし自分が優等生として育ってきた自覚がある人ならば、「必要以上に自分はまわりに合わせていないか」と自問することも大切です。

無理をして優等生（いい人）でいると、明確なデメリットがあります。変にいい人のイメージがついてしまうと、ちょっとした悪いことができなくなり、あらゆる場面で我慢を強いられるようになってしまうことです。

そのいい人というイメージが自分に合っていればいいのですが、そうでなければ、ストレスがどんどん溜まっていき、免疫機能が低下して健康にまで害が及びかねません。

時々、人間関係の断捨離を行なって付き合い濃度を低くする

社会に出れば、いろいろな価値観の人に出会います。好き嫌いも、人によって違います。

それなのに、最近では「誰かに認められたい」という承認欲求や、「場の空気を読まなければいけない」という同調圧力がとても強い社会になっています。

インターネットがない時代であれば、関係性の薄い人の人間関係を断つことは容易でしたが、インターネットやSNSが登場したことにより、そういった関係性の薄い人とのコミュニケーションが多くなってきています。それが一つの要因だと思いますが、そういった社会では、承認欲求も同調圧力も大きくなる一方です。

その意味で、現代社会では人間関係の断捨離《だんしゃり》を行なうことも重要だと思います。

「このグループの中では自分は我慢していないか?」

「この相手に対して自分は我慢していないか?」

と自問し、もしもイエスならば、思い切って関係性を断つのです。

学生時代は狭い世界なので、そういうことをすると波風が立ちやすいかもしれませんが、社会人になればいろんな人がいるので、新たに自分と近い価値観を持つ仲間をつくることは難しいことではありません。

だから友だちがいなくなってしまうと怯える必要はないでしょう。

それよりも好きでもない相手と付き合うことで、貴重な時間をムダにするほうがよっぽど生産性のないことです。

たとえ関係性を経った相手と、どこかで偶然鉢合わせてしまったとしても、「ごめんごめん、携帯電話なくしちゃって」とか、

「SNSはもう見てないんだよね、何か連絡くれてた?」とか、適当にごまかす方法はたくさんあるので大丈夫です。

衝動買いをやめたいなら環境を変えてみる

欲望を抑えられなくて困っている人が、世の中にはたくさんいます。

その中でも「買い物がやめられない」「つい衝動買《しょうどうが》いをしてしまう」という人は少なくないでしょう。

そういう人は、我慢をしようと思ってもなかなかできません。それならば、我慢しなくていいように、環境から変えてしまうという方法があります。

極端なことを言えば、携帯電話の電波が届かない（インターネットもできない）、近くに買い物できるお店もない山奥に移り住むのがわかりやすいでしょう。

そうすれば買い物や衝動買いのしようがありません。

電気や水道もないところにすれば、火をくべたり、川から水を汲んできたりとやるべきことがゴマンとあるので、買い物欲の出てくる余裕すらなくなるかもしれません。

もちろんそんなことができるのは、一部の変わり者だけです。現実的には、もう少し穏やかな方法を考えてみましょう。


たとえば、財布の中にはその日に使う予定のお金だけを入れておくだとか、給料が入ったら、最低限の生活費だけ残して、あとは自動的に定期預金に振り込まれるようにしておくだとか、お金のかからないランニングを日課にするだとかです。

まわりにあなたの買い物欲を駆り立てる友人や知人がいるのなら、そういった人には会わないようにする。さらには、質素な生活を営んでいる人と仲良くなることで、衝動買いを抑制することもできるでしょう。

禁煙やダイエットが続かないときは、こんなふうに考える

禁煙がしたい、ダイエットがしたい。でも、続かないという人がいます。そういった人たちに言いたいことが二つあります。

一つは「そもそもその禁煙やダイエットは本当に必要なことですか?」ということ。

たとえば、60歳代以下の人であれば、喫煙は明らかに害なことです。細胞を老化させるだけでなく、癌になるリスクは高まるし、動脈硬化を促進するし、肺気腫という空気中なのに溺れたような状態になって非常に苦しむことになる病気にもなる確率が高まるからです。

でも、70歳近くになった人なら別です。「70代の喫煙者・非喫煙者の生存曲線」を調べた研究があるのですが、それによると65歳以上であれば、喫煙はほとんど生存率に影響を及ぼさないという結果になっています。

つまり、70歳近い高齢者であれば健康のために禁煙するというのは無用なわけです。

もちろんこの本の読者のみなさんはもっとお若いと思いますので、喫煙は強く「やめたほうがいい」とアドバイスしておきます。

ダイエットについても同じです。

すでに書いたとおり、普通よりやや肥満の人のほうが最も長生きだという研究結果があります。

もっと言えば、日本人は本当にダイエットが好きで、そのせいで栄養不足・飢餓状態に陥っている人もたくさんいます。

それなのに、健康のためにダイエットをするのはどうかと思うわけです。

「自分は健康ではなく、美のためにダイエットをしている」と言う人もいるかもしれません。

でも、これも「健康的に良くはなくても美しいほうがいい」ということになってしまいます。

過度な食事制限をすると、神経伝達物質が減少します。その結果、うつになりやすくなります。それでもいいのでしょうか。

うつにまで至らなくても、うつっぽい気分になると、若返り欲求も減退します。寝たきりの高齢者が、食べているうちは元気なのに、食べられなくなって一気に病状が悪化する、老化が進行するというのは、よく知られていることです。

さらに言うと、若い頃と違って、歳をとってから痩せるとシワが増えたり、肌のみずみずしさが失われたりします。

食べないことは、「美を損なう」ことにつながるのです。

一方で、美味しいものを食べるという快体験をすると、前頭葉が刺激されます。

老化は感情から始まるといっても過言ではないので、老化予防つまり美しさを保つためには、我慢せずに美味しいものを食べたほうがよいのです。

もう一つ言いたいのは、「禁煙やダイエットそのものが目的となっていないか」ということです。

よく言われているのが、体重を減らすという数値自体が目的化してしまい、目標の体重を落とすことだけでは満足できなくなってしまうケースです。

挙句《あげく》の果てに、拒食症や過食症といった摂食障害になり、命の危険にもつながります。

ダイエットの本来の目的は何なのか。それを見失わないことが、誤った道へ進むことを防ぐ防波堤となります。

依存症ならば、プロに解決してもらうしかない

ここまで「我慢しなくていい考え方」をいろいろと説明してきましたが、依存症になっている場合はまったく別の話になります。

「我慢したほうがいい」ことが我慢できない人というのは、少なからず病気の可能性があります。

病気ならば、可能な限りプロのカウンセリングを受けるほうがよいでしょう。

前にも書いたとおり、日本の場合は、プロに任せられることをプロに任せないことが珍しくありません。

風邪をひいたくらいで医者に行くくせに、死にかけのうつ病の人が医者に行かないというヘンな国です。

良い我慢と悪い我慢がありますが、良い我慢ができない人は、やはり何らかのかたちでプロに頼ったほうがいいと私は思います。こと依存症ということであれば、絶対に医者にかかったほうがいい。

たとえば手洗い強迫症の人は3時間くらい手を洗います。汚いのが我慢できないからです。そういう人には普通だったら「医者に行け」と言いますよね？

痴漢をやめられない人だって、本人にはそれがいけないことだとわかっています。でも我慢できない。それはどうしようもないことでもあります。一刻も早くカウンセリングに行くべきでしょうし、まわりがカウンセリングを受けるように仕向けないといけません。

まず良い我慢と悪い我慢の区別をつける。その判断は、時と場合によりますが、法律に触れるかどうかを基準にするといいかもしれません。

そして、法に触れないための良い我慢ができないとすると、これは何らかのかたちで治療が必要と思われます。

セックス依存症であれ、買い物依存症であれ、アルコール依存症であれ、多くの場合は自分1人で行ないますので、人への依存に変えるように仕向けるのも基本的な治療パターンです。

逆に言えば、人への依存を我慢する人が、本物の依存症になることが多いわけですから、それならば素直に人に甘えたほうがまだマシだということです。

第3章

自分でコントロールできない我慢

相手が思うようにならないケースはいくらでもある

相手が思うようにならないときというのは、いくらでもあります。

自分が我慢をすればその場はまるく収まるとか、自分さえ我慢してしまえばすむという発想は簡単です。しかし、自分が我慢をする一方で相手もその我慢を引き受けてくれるかもしれないという期待をもつことは、そのとおりになるとは限りません。

自分の考えを変えることより、相手の考えを変えるほうが何倍も難しいものだからです。

そう考えると、「変えられないものを変えようとする」というのは、基本的にはやめたほうがいいということです。

口で言うのは簡単ですが、これがなかなか難しい。

自分がコントロールできる我慢であれば、たとえば、我慢しながら勉強したとします。それで成績が上がると気持ちがいいですよね。そうすると、我慢が苦にならないということが起きます。

あるいはあるスポーツで、我慢して練習していたら勝てなかった相手に勝てたとか、レギュラーに抜擢されたとか、結果が良ければ、わりと我慢は許されます。

人間とは勝手なもので、最初のうちは我慢してやっているつもりなんだけど、結果が良いと我慢感が減るわけです。

このように、変えられるものに対する努力というのは、わりと我慢感が薄まって問題にならないケースが多いということです。

ところが、変えられないものに対して我慢している、たとえば、認知症の親を介護するとき、いくら献身的に介護をしてもその認知症の親がちっともよくならないというような場合、我慢が一気に苦痛へと変わっていきます。

相手の要求に従っていても、相手が「悪いな」とひとこと言ってくれるだけで、我慢感がスッと消えていく。もしくは、相手の要求に従っているうちに相手が自分のことを好いてくれれば、我慢したかいがあったという話になるわけですが、往々にしてそうは問屋がおろしません。

偉そうにしたり、つけあがったりします。すると、やはり我慢感が増してきてしまいます。

「なぜオレばかりこんな目にあうんだ」と。


すでに書いたとおり、過去は変えられないのだから、もっと未来を見ようというアドラー心理学や森田療法を引き合いに出すと納得してくれる人がいる一方で、他者を変えることは難しいから諦めよう、ということを説明しても認めない人は多いと思います。どうしたら良いのでしょうか。

解決策は、「まわりまわって自分のため」と思えるかどうか

自分ではコントロールできないことに対する我慢を避けるためには、「まわりまわって自分のため」という発想ができるかどうかがカギを握ります。

嫌々する我慢だから、大概うまくいかないということです。

結果のシミュレーションがうまくできるか、あるいは嫌々感を、「(自分にとって最終的には) いいことをしているのだから、嫌だけど気持ちがいい」と思えるかどうかということもあるでしょう。

たとえば、人と会ったときに「ありがとう」「こんにちは」と、最初は嫌々やっ

ていても、やっているうちに、向こうからいいレスポンスが返ってくれば、それが習慣化される人もいますよね。

子どもに関しても、最初は歯みがきを嫌々やりますが、だんだんそれが習慣化されると、やっていることが気持ちよくなってくる、逆にやらないと気持ち悪いということもあります。

このように、やらなければいけないこと、自分ではどうにも変えることができないことに取り組む際には、その後のシミュレーションがカギを握るのです。

まずは自分が楽になってから他人のことを気遣う

シミュレーションもなにも、相手が変わってくれないのなら同じことだというもっともな意見もあります。

そんなときは、少しでも自分が楽になる方法として、たとえば在宅介護の問題であれば、ヘルパーさんに頼るだとか、場合によっては施設に入れて自分の生きたいように生きるだとか、人を頼る、プロに任せるということを選ぶのはどうでしょうか。

介護をぜんぶ在宅でということを考えがちな日本人ですが、施設がいいのか在宅がいいのかは、結果をみなければわかりません。

施設介護にしたほうが高齢者同士の交流があっていいかもしれないし、スタッフの人が愛想よくしてくれるから、むしろ機嫌が良くなるかもしれません。

家だとどうしても閉じこもりがちになるけど、施設だとみんなと一緒に歩けるかもしれないですよね。

つまり、相手を変えられないのであれば、別の部分を変えることです。そうすれば自分が楽になる可能性は高まります。

まずは自分が楽になり、冷静な判断ができる心の余裕ができたら、相手にとっても何が楽なのかを模索しやすくなるのではないでしょうか。

「自分の親なのだから在宅介護すべき」と言い放つ人とは付き合わない

親の介護の問題で言えば、親戚の中で、「やっぱり親は在宅でみるべきだ」とか言ってくる人もいるでしょう。

そういう人に対しては、「じゃあ自分がやってみたらどうですか？」と言ってのけてください。

言葉で説明しても相手は納得しないのなら、実際にやらせてみることです。そうしたら、大概は「これは本当に無理だ」とわかるでしょう。

「そんなことを言ったら親戚づきあいが悪くなるかもしれない」
と心配する人もいるかもしれませんが、悠長なことを言っていてはいけません。あなたが倒れてしまったり、心が折れてしまえば、元も子もないからです。

そもそも親戚なのに、相手のことを思いやれない関係ならば、お付き合いする必要なんてありません。

兄弟という近い関係ならなおさらです。

相手を思いやることというのは、友人関係ならあたりまえのことですよね。日本はそれが親戚関係になると、なぜか「建前」が表に出てくる。これは、悪しき習慣以外のなにものでもありません。

夫婦関係でも、自分の都合で逃げていい

夫婦関係でも、結局のところ、自分がどうやったら楽かとか、自分がどうしたら幸せかを考えたほうがいいでしょう。

奥さんがガミガミうるさいというような暮らしを続けるのか、それとも養育費を払ううえに寂しくなるかもしれないけれどガミガミ言われない生活を選ぶのか、という選択になります。

その奥さんを変えようと「せっせせっせ」と努力してもあまり変わらないからです。

そういう意味で、損得勘定で判断するのがいいのです。

「こんな性格の奥さんだけど、メシもうまいし、子どももいるから我慢しよう」という判断もあるでしょう。

しかし所詮、夫婦といっても他人です。他人なので100％あなたの思いどおりにいくことはありません。

離婚をほのめかすことで、100のうち一部分を改善することはできるかもしれませんが、大きく変わることを期待してしまうと、うまくいきません。したがって、「変わらない」を前提に損得勘定することが重要です。

離婚問題などのカウンセリングにあたって、私はいつもこう言います。

「いい面も悪い面もあるけど、やっぱり一緒にいようと判断するか、いい面より悪い面のほうが多いから離婚しようと判断するかは〝あなたが決断できること〟です」と。

ですが、ことDVの場合だけは、カウンセリングが終わる前から離婚を強く勧めます。三つ子の魂百までというのは、まさにこのケースにはあてはまるようで、そういった人たちは、「絶対にやりません」と言っても同じことを何度も何度も繰り返すからです。

離婚が頭にあるなら成立するまで我慢すべきことがある

結果論からいうと、自分が浮気をしてしまうと離婚できなくなってしまうから損です。

たとえば、すごくうるさい奥さんがいて、辛い毎日を送っていたりするとします。つまり離婚が頭によぎっている状態ですね。

そんなとき、部下の女の子がちょっと言い寄ってきて、間違えて手を出してしまうことはよくあります。

でも、これはアウトです。

浮気をする前であれば、こういうガミガミ言う奥さんに対して性格の不一致で離婚ができたはずなのに、離婚せずに浮気をやってしまうと逆にずっと我慢しなくちゃいけなくなります。

離婚が成立するまでは、我慢しなければいけません。これも損得勘定で行動しようというだけのことです。

目の前に不満だらけの妻と、優しくしてくれる女性がいたら、後者に飛びつきたくなるのは当然かもしれません。

しかし、目の前の問題を解決せずに、安易に快楽のほうへ飛びつくのは得策ではありません。我慢には、短期的なものと長期的なものがあって、短期的な我慢をすることで長期的な快楽を得るということが大切です。

これに関しては、有名なマシュマロテストというアメリカの心理学者が行なった実験がありますので、調べてみてください。

親や兄弟との関係とは我慢せずに言いたいことを言っていい関係

親、兄弟との関係というのは難しくて、これは、夫婦以上に変えられないと思っていいでしょう。

親がすごく干渉的だとか、兄が「おまえは女なんだから（介護を）我慢してくれ」といった強要は、直らないことを前提にしないといけません。

しかしながら、夫婦と親子関係における相違点は、９割くらいの確率で親子関係の縁は完全には切れないところにあります。

つまりいくら怒らせても、完全にそれで兄弟の縁を切るとか、親子の縁を切るということは意外に起こらないですし、起こすことは困難です（虐待がある場合などはそうとも言い切れませんが）。

「お前なんて勘当する！」と言っても、口で言うだけがほとんどです。「実は親と絶縁状態でして……」なんて言う人がいても、ちゃんと縁はつながっているわけです。

そう考えると、介護問題でもどんな問題でも、親子関係では我慢せずに言いたいことを言ったほうが得策でしょう。

経験的にいって、何か決定的なことを口にしてしまい、仮に10年くらい音信不通になっても、また何かのときに再会したり、相談できたりするものです。血のつながりというのはそういうものなのでしょう。

夫婦では、決定的にひどいことを言ってしまうと一生恨まれたり、離婚という絶縁があるので損得勘定が必要なのですが、親とか兄弟は、びびらないで言いたいことを言ってもいい関係だといえるのです。

逆に言えば、ついつい泣き寝入りしたり遠慮したりするとものすごくつけ上がられやすい関係だということも、頭に入れておくべきではないでしょうか。

子どもの教育は客観的データを用いて話し合う

子どもに関する我慢ということも考えてみましょう。

多くの場合は、子育ての方針が違うなど、配偶者との兼ね合いだと思います。奥さんのほうは小さい頃から勉強させて中学受験もさせたい、夫のほうは、自分が公立でもちゃんといい学校に行けているのだから、公立で大丈夫じゃないか、みたいなことが起きがちです。

こういったことは曖昧にせず、しっかりと話し合わなければいけません。

そのときに、夫は夫でちゃんと勉強しないとダメです。

つまり、昔と違って私立の中高一貫校を出てないとなかなかいい大学に行けない現実だとか、その費用とか、そういう受験状況も含め、妻に任せきるのではなく、夫もいろいろ勉強したほうがいいでしょう。

妻が専業主婦ならば、夫のほうが社会情勢については詳しい場合もあります。「いまは就職難だから、ある程度学歴をつけなければなかなかうまく就職できない」といったことについては、夫のほうが客観的な一般論を見せられるという側面もあります。

それでも相手の考え方が頑《がん》として変わらないということはありますが、少なくとも状況証拠は探していかないといけません。

たとえば、保育園に入れたほうがいいのかとか、（妻である）自分が子育てしたほうがいいのかとか、お金がかかってもベビーシッターさんにお願いしたほうがいいのかとか、選択肢はたくさんあると思います。その中で何を選んだらいいのか、主観的な考えだけではなく、客観的なデータも見ていくのです。

アメリカの調査では、ワーキングマザーの子どものほうがむしろ認知機能が高いというデータもあります。よく言われることですが、保育園のようなところに早くから入れたほうが社会性が身につくこともわかってきています。

ただし、アメリカの場合、貧困層は良い保育園に行かせられない事実がありま
す。したがって、先ほどの研究調査の対象者は、ホワイトカラーが多いのかもしれないことが推測されます。

ですから、こういった数字を疑うことも必要です。

子どものことでもプロに任せたほうがいい場合も多い

子どものことに関しては、児童精神医学が進歩してくるにしたがって、しつけをしても言うことを聞かない子どもとか、注意欠陥多動性障害（ＡＤＨＤ）の子

どもとか、アスペルガー症候群の子どもとかが、実はかなりいることがわかってきています。

ＡＤＨＤやアスペルガー症候群の子どもというのは、まったくしつけができないわけではありません。ほかの子どもよりも手間や時間がかかるというのが一般的な認識です。

本当に重症の子どもはもちろん別ですが、大半の子どもはそうではないので、親自身が面倒をみることになるでしょう。

生まれつきそういった子どもであるということが、親の頭の中で理解できれば、ある程度我慢をして教育をすることができると思います。

でも、親にだって限界はあります。

我慢できずに怒ってしまうこともあるでしょう。

そういうときは、プロのサポートを受けたほうがいいと思います。

なぜならいくら叱っても言うことを聞かない場合、叱り方が悪い可能性があるからです。

プロのほうが叱り方を知っています。

もしかしたら、思った以上に重度なＡＤＨＤとかアスペルガー症候群かもしれない可能性もあります。その場合にも、当然プロのアドバイスを受けたほうがいい、といいますか、受けるべきだと思います。


注意欠陥多動性障害であれば、エジソンの母親ナンシー・エジソンの子育てが有名です。

１分間だけしか集中できない子どもに、１分間だけ話を読み聞かせして、うろうろしてきてまた戻ってきたときに１分間読み聞かせをしてエジソンを育てたわけです。

つまりそういった子どもでも集中力がゼロということはありえないわけで、１分か３分かの違いしかないのであれば、それをどう利用するかの問題です。そういった知識は、やはり専門家のほうがもっています。

本で勉強すれば、専門家のアドバイスなんて必要ないと、自分で我慢してがんばってしまう親も多いでしょう。

では、こういうときはどうしますか？

子どもが勉強しないというときは、ほめたほうがいいと子育ての本に書いてあるとします。

でも、ほめたほうがいい子どもが7割で、叱ったほうが成績が上がる子どもは3割だという場合もあります。もしこれが科学の世界だったら、7割のほうを取りますので、本にもそう書いてあるわけです。

しかし子育てはそうはいきません。自分の子どもが3割のほうにあてはまっていないとは限らないのです。

自分の子どもをほめてばかりいたら、なんだかのぼせてしまってぜんぜん勉強しないのであれば、叱るということを試したほうがいいですよね。

そういった判断も、なるべくプロに意見を仰いだほうがいいのです。

勉強ができない子どもの教育の考え方

子どもが言うことを聞かない……。多くの親が悩み、我慢を強いられていることだと思います。

そんなとき、親は、「ほしいものを買ってやるから」などということで、言うことを聞くように仕向けることがあります。

でも、この成功報酬型の教育が必ずしもうまくいくとは限りません。あるいは、最初はうまくいっても、途中でうまくいかなくなったりする。そのときに、「この子はやる気のない子だ」と決めつけるのはいけません。

ほかの動機づけだったらやる気になるかもしれないからです。

たとえば先生がおもしろい（塾を変えてみる）だとか、まわりが勉強するから

（住む場所を変えてみる）だとか、いろいろな動機づけを試したほうがいいでしょう。友人や恋人と違って自分の子どもはその子たちしかいないわけですから、試せる限りのことを試したほうがいいと思います。

勉強法にしても同じで、うまくいかないのなら何でも試したほうがいいわけです。

たとえば、私が提唱する「和田式勉強法」がダメなら、別のやり方を試せばいいですし、その逆もあり得ます。

「自分はこれで良い大学に行けた。同じやり方でできるようにならないのは、この子の能力が低いからだ」と親が決めつけてはいけません。

前にも書きましたが、日本人は一つのやり方に固執するところがあります。「かくあるべし論」のようなものに縛られて、視野が狭まっていることが多々あります。

でも、本当はどんなやり方でもいいから、いい点を取らせてあげることが大切です。いい点を取らせてあげると大概の子どもは勉強が好きになっていくからです。

我慢を強いる友人が「本当の友人か」を自問してみる

友人との付き合いの中で我慢を強いられているという人もいます。

これに関して一つ言えることは、「言いたいことを我慢して付き合っているやつが本当の友人か」と言えるかという問題です。

つまり「広く浅く」で交友関係を築くから、言いたいことを我慢して付き合わなければいけない相手が出てくる。結果として、いつも言いなりになって我慢してしまうという構図です。

友人のような気がするかもしれませんが、本来であれば「言いたいことが言い合える関係」が友人と言えるのではないでしょうか。

特に親友と呼ばれるような相手だったら、困ったときこそ頼れる存在であるわけですよね。

たとえば、「俺はこんなに〝すごい人〟を知っている、連絡先も交換した」と言う人がいたとします。その人が困ったとき、知り合いになったと思っていた〝すごい人〟に助けを求めたら、「ちょっといま忙しいから後にして」とされたりする。これでは意味がありません。

「困ったときに、頼りになってくれる相手」が自分にとって大事なわけで、いくら「俺はこんな有名人を知ってる」と言っても、それはただ「知っているだけ」です。

自分は医者の友達がいるとか、大企業の社長の友達がいる、芸能人の友達がいるとします。その人にモノを頼みに行ったときに、医者の友達だったら「ああ、いいよ。俺の知り合いの医者を紹介するよ」と言われて、初めて友人とか知人とかと言えるのです。

要するに、頼みごとができないような関係で友人や知人と思ってはいけないのです。ただのファンだったり、ただの知り合いだったりするだけです。テレビで観ているだけなのに、「私はキムタクを知っている」と言うのとたいして変わらないわけです。

そう考えると、我慢を強いられるような友人は友人ではないということになりますので、「どうして、この人に対して我慢していたんだっけ？　別に我慢しなくてもよくないか？」と考えられるようになれるでしょう。

相手を変えることは難しい、だからいまの関係性をある程度整理したほうがいいということです。

そのときにわざわざケンカ別れする必要はありません。モノを頼みに行ったら多少なりとも応えてくれそうな人には年賀状の交換だけで十分ですし、まったくただの顔見知りで頼みにもいけない相手であれば切り捨ててもいいでしょう。

友人との関係性を変えたいなら ギブアンドテイクの精神で

友人や知人との関係は、頼られたら応えてあげるものです。

前述のように、言いたいことを言えずに我慢するとか、頼みごとがあるのに我慢するという関係は、友人や知人ではないといえます。

一方で、ある相手と友人関係になりたいということもあるでしょう。あるいは、友人関係だけど、将来も友人でいられるかわからない、いまの関係性を維持したいという場合もそうですが、そういったときは、相手に遠慮するより、相手の要望に応えることを考えたほうがいいと思います。

つまり、こっちが相手に言いたいことを言わないとか、頼みたいことを我慢するというよりは、逆に相手が頼んできたときに応えてあげるだとか、相手の言いたいことを聞いてあげるだとか、相手がどういうふうに言えば喜ぶだろうというふうに考えるのです。

そういった「ギブアンドテイク」の関係にするのが望ましいということです。こちらが何をギブできるかを考えるほうが、こっちがテイクすることを我慢する云々よりも意味があることなのです。そのほうが人間関係が深まります。

目上の人とうまく付き合いたいなら「水くさいやつ」と思われないこと

実は、これは仕事のうえでもまったく同じです。

上司とか先生とか目上の人に対して、何かを我慢する人がけっこう多いのですが、目上であったとしても人間関係を深めるためには、言いたいことを言ったほうがいいのです。

目上の人に頼みごとをするとき、まず知っておいてほしいのは、頼みごとを我慢していると「水臭いやつだ」とよそよそしいと思われることがあることです。

目上の人や力のある人というのは、頼まれると嬉しいということが珍しくありません。そういった相手には、頼るべきですし、もし頼っていって「うざい」という人であれば、その時点でやめればいいといえます。

なぜなら頼ることで「うざい」と思われていることがはっきりするわけですが、もし頼らないままの状態でいたら、その人との関係性は宙ぶらりんのままで続いていってしまうことになります。

先ほども書いたように、人間関係は切れるところはスパッと切ったほうがいいので、切るべき相手かどうかをそこで見極めることができるというわけです。

甘え上手な人っていますよね。それというのは、頼まれたら嬉しいという人間を見抜く能力が高かったり、上手に「本当に助かります。これも先生のおかげです」と言って喜べる人なのです。

つまり、頼みごとをしてはいけないのではなくて、頼みごとをしたときに、相手に対するお礼とか、やってもらった喜びを最大限に表現することのほうが大事なのです。頼みごとを我慢したところで意外に人間関係は深まらないわけですから。

理不尽な要求が振られてもパシリになってはいけない

あまりに理不尽な要求を上司や先生がしてきたことがあると思います。

そんなときは、上手に断れるのであれば断るのがベストです。あるいは、上司の上司に相談するという方法もあります。

とにかく、我慢して何でも押し付けられていると、パシリみたいな関係になってしまいますので、我慢はしないほうがいいでしょう。

　会社員生活において、上からの命令を、我慢できる範囲のものなら何でも聞くというのは最良策ではありません。

　上と意見が違うとき。経済が成長期にあるならば、上から言われたことを何でも聞く人間が重宝がられていましたが、今はそうではないからです。

　新たなアイデアや価値の創造が求められる傾向にある昨今の企業の場合は、やはりある程度上司にものを言える人のほうが、将来出世する可能性が高くなっているようです。


　もちろん言い方には気をつけなければいけません（たとえば、上司のほうが学歴が低いときについついなめたような言い方をするなど）が、我慢しないでものを言う人のほうが会社や上司から重宝がられます。

　前にも書いたように、タレントの有吉弘行さんやマツコ・デラックスさん、坂上忍さんなんかにしても、言いたいことを言っています。そういうポジションを築き、テレビ業界から重宝がられているのです。

でも、よく観察していると、パチンコ屋の換金行為の悪口は言わないとか、ちゃんとテレビに出るために、「地雷」は踏まないようにしています。

そう考えると、言いたいことを言いながら「地雷だけは踏まない」というのが、もっとも賢いということです。

逆説的になるかもしれませんが、地雷を踏むから人間関係を悪くするのであって、言いたいことを言うから人間関係が悪くなるのではないのです。

「お客様」を「神様」と勘違いしてはならない

「お客様は神様だと思え！」みたいなことを会社では教育されたりしますよね。

本当は違う意見を持っているのに、別のベストな方法があると思っているのに、クライアントが右といえば右にするというのは、日本社会では普通なことです。そして、居酒屋などで「俺はこう思っているのに、クライアントにひっくり返されちゃって参ったよ」と愚痴を言っていたりします。

このような我慢は、無駄であることが多いと思います。

企業活動においていちばん重要なポイントは、「お客様の立場になること」であって、「お客様は神様」ではありません。

具体的にお客様のメリットになるかどうかのほうが大事なわけです。依頼主やお客様に対して、愛想よくとかペコペコすることがいちばんいいことみたいに思っているのかもしれませんが、いくら愛想がよくても、本来の役に立つサービスができていなければ、お客様は喜びません。

身近なことで考えればよくわかります。

いくら丁寧に接客してくれるレストランがあったとしても、料理がまずければそこに行かないですよね。

それと同じで、やはり相手が求めているものは何かを考えるべきです。かなりうまいものを出していれば、相当横柄な接客でもお客様は来るのです。特にラーメン屋などはいい例でしょう。

もしあなたの意見を通すことで、相手からグチグチ言われたとしても、最終的に良い結果になっていれば、必ず場は収まるところに収まります。

あなたの評価も上がります。

もしいい結果を出しているのに評価されないという会社であれば、そんな会社はやめてしまったらいいかもしれません。

きっともっといい会社に転職できますし、本当にいい結果が出せるのであれば、独立・起業してもうまくいくことでしょう。

第4章

我慢しない生活を引き寄せる

どうしても我慢できないなら「上手な我慢」を考える

「我慢をする」がなくなるといっても、実際はすべての我慢をなくすというのは難しいでしょう。

それならば、我慢をなるべく「上手な我慢」にもっていくのが得策です。

そこでまず考えたいのが、上手な我慢と下手な我慢の違いです。

一つには、それが目的に一致しているかというところを見るといいでしょう。

上手な我慢は目的と我慢が一致していますが、下手な我慢は目的と我慢が一致していません。

たとえば、ある上司から何かを命令されたとき、「会社での自分の評判を落としたくない」という目的から何でも我慢して行なっているとします。

でも、もしそのときに、実はその上司が会社の偉い人たちから煙たがれていた……なんてことがあれば、あなたの我慢の目的は達成されないわけです。達成されないどころか、逆効果を生む可能性すらあります。

我慢の目的と、本当に我慢によって得られるものを常に気をつけて見ておかないと、こういうことが往々にして起きます。

上手な我慢をしたければ、目的と我慢の先にある結果を照らし合わせることを怠ってはいけないのです。

今の話と遠くないことなのですが、我慢にそもそも目的がない場合があります。そんなことあるの？　と思う人もいるかもしれませんが、物事は常に変動しています。

昨日までは我慢することと目的が一致していたのに、今日になってみたら目的がなくなっていたというバカみたいな話が起こり得るのです。

当たりクジがすでに出尽くしてしまったスクラッチクジを、なけなしのお金で買い続けるようなものです。「もう当たりクジが出てしまったので、クジを買っても意味ないですよ」と親切に教えてくれる人はなかなかいません。つまり、あなた自身で見直すという作業が必要になってきます。

まわりに好かれる人になることで非難や攻撃されなくなる

我慢の一つの側面に、まわりの人から批難を浴びたくない、攻撃されたくないからというものがあります。

それならば、「まわりから好かれる人になることで、我慢を生活の中から遠ざける」ということを考えていくのはどうでしょうか。

特に理由もなく人を攻撃するという人は、あまりいません。

オーストリアの精神分析学者ハインツ・コフートは、「人間が他人への攻撃性を見せるのは、食欲や性欲のような本能とは異なり、環境への反応にすぎない」としています。

要するに、人は自己愛（自分を愛する気持ち、自分を特別のものと思われたい気持ち）を傷つけられたときに、復讐心を抱いて攻撃性を見せるということです。

したがって、相手から攻撃されないためには、まわりの人に「私はあなたの味方ですよ。少なくとも敵ではありませんよ」と示すことが有効なのです。

好かれる人になるには3つのことを守ること

まわりから好かれる人になるには、あたりまえのことかもしれませんが、常に機嫌よくいるという方法があります。

機嫌よくいるといっても、おべんちゃらを使うとか、笑顔を振りまくとか、気の利いた冗談を言うとか、そういうことは必要ありません。

「いろんな物事に対して一喜一憂しないこと」

「挨拶はきちんとすること」

「成長願望を持ち続けること」

最低限、この3つを守れば、まわりから「この人はいつも機嫌がいい人だ」と思われるようになります。

たとえば、挨拶もしない寡黙《かもく》な人がいたとします。こういう人はまわりから見たら、ただの不機嫌な人です。

しかし、きちんと挨拶だけはするけど、普段はあまり話さない静かな人である場合は、まわりから見ると寡黙な人という印象になります。

確かに、寡黙な人というだけでは、好かれる人にまで発展するのは難しいように思える人もいるでしょう。でも、寡黙な人はまわりからの評価が定まっていない人ですので、ある種、ガラリと評価を上げやすいタイプの人でもあります。

いつもおしゃべりな人がする発言と、普段は寡黙だけど、たまに発言する人であれば、言葉の重みが違ってきます。

「この人はよく考えて発言しているんだな」と人は考えます。だから、寡黙な人の意見は、妙に説得力を持っていたりするわけです。

繰り返しになりますが、だからといって普段の挨拶まで疎《おろそ》かにしてしまえば、反感を買いかねないので、そこは守るようにしてください。

また、成長願望を持つ人というのは、知らないとき、わからないときには、それを隠さずにまわりに聞くことができる人です。

まわりから嫌われる大きな要因に、「知らないことを知っていると言う」や、「わからないことをわからないままにして誤解が生まれた」といったことがあります。

成長したいと思う人は、まわりの意見にきちんと耳を傾けますし、正しい意見、自分のためになる助言は素直に取り入れます。

こういう人はまわりから好かれますし、積極的に助け舟も出されます。

頭から「嫌い」と決めつけず、「好き」なところを増やす

ここまで、まわりから好かれる方法を書いてきましたが、同時に自分の「好き」を増やすことも大切です。

みなさんには「大嫌いだ、顔も見たくない」という相手がいますか？居酒屋で同僚と愚痴っているような上司についても、そこまで「大嫌いだ」という相手は意外に少ないものです。

多くの場合は「どちらかと言えば嫌い」程度のものです。

たとえば中国人の反日運動で考えてみるとわかりやすいかもしれません。反日運動をする少なくない人数の中国人は、経済的な不満や政府への不満や怒りの矛《ほこ》先《さき》として、攻撃しやすい日本に向けて怒っているだけだったりします。

それと同じように、会社への不満や日々のストレスの行き先として、普段接していてなんとなく不満を感じている上司や取引先などに「嫌い」をぶつけているだけだったりします。本当はそこまで「嫌い」ではないのです。

これは仕事上だけではなく、プライベートでも似たり寄ったりです。

そもそも相手の考えを変えることというのは、なかなかハードルの高いことです。変えられないことを変えようとするから不満が溜まるわけですから、自分の気持ちを変えるほうが簡単なわけです。

ＥＱという「心の知能指数」という概念があります。

これは、

「自分の感情を知る」

「自分の感情をコントロールできる」

「楽観的に考えることができる、または自己を動機づけることができる」

「相手の感情を知る」

「社交能力」の5つの能力によって構成されると考えられていますが、このEQはある歳に達すると、年齢とともに低下することがわかっています。

特に40代後半から低下するのですが、そのいちばんの原因は脳の老化だと言われています。感情のコントロールに関わる前頭葉《ぜんとうよう》の働きが衰えることで、EQが下がるのです。

前頭葉と聞いてピンときた人もいると思います。前にも書いた「快体験」ですね。快体験をすると、前頭葉が刺激されます。つまり、あらゆる人間関係に、嫌いよりも好きを取り入れることで、EQが低下するのを防ぐことができるのです。

したがって、「どちらかと言えば嫌い」という程度の相手であれば、良いところを見つけて好きになったほうがいいのです。

そして、本当に大嫌いで顔も見たくない人がいれば、物理的にその人と会わないようにする。そうすることで、あらゆる人間関係に「好き」を持ち込むことができるのです。

嫌いな人を好きになるには過去の悪い体験を忘れること

どちらかと言えば嫌いな人を好きになる。そのために重要なのが、過去の悪い体験を忘れるという技術を身につけることです。

よくテレビなどで、「過去を精算するために、過去に経験した悪いできごとと向き合う」といった場面が見受けられます。

これは生産性のあることでしょうか。私は、過去の体験は変えることはできないのだから忘れてしまう、というほうがいいように思えてなりません。

過去を忘れるための方法に、良かった体験を思い出すというものがあります。

たとえば、上司から理不尽に咎《とが》められた経験があったとします。きっとその経験を思い出せば、その度に恨みつらみが蘇ってくるでしょう。

それならば、些細なことでもいいので、その上司との良い体験を思い出してみるのです。

「少し遅刻してしまったけど許してくれた」

「初めて会ったときにはランチをおごってくれた」

「部長から怒られたときにかばってくれた」

など、何でもよいでしょう。

たとえ、上司のその行動が、身の保身から生まれたものであっても、気にする必要はありません。

あなたにとってどうであったかが大事であって、その上司の気持ちは全く関係ないことだからです。

過去の体験を都合よく忘れることで、人間関係に好きを持ち込みやすくなり、その結果として我慢は遠ざかっていきます。

ミスや失敗を恐れて我慢するより、何度でもやり直せばいいと考える

ミスや失敗を恐れて、我慢をする若者が増えているようです。しかし、私はミスや失敗は若者の特権だと思っています。失敗したらやり直せばいいだけ、別の方法を試せばいいだけです。

それでも、なぜ彼らは我慢するのでしょうか。

それは他人の目が気になっているからでしょう。

最近はよく〝超監視社会〟といわれます。SNSが発展したことによって、失敗やミスが可視化され総攻撃に遭うこと。さらには〝履歴〟として失敗やミスがついて回ってしまうことが原因の一つです。

タレントが不祥事やスキャンダルを起こし、メディアから一気に消えることがありますが、私はそれを見るたびに、「当事者にきちんと謝ればいいだけなのに」と思ってしまいます。

もちろん彼らは有名税を背負っているので、そうは簡単に問題が解決するわけではないのでしょうが……。

迷惑をかけたら「謝っちゃったもの勝ち」と考える

有名人とは違い、普通に生活している人であれば、きちんと謝れば解決する場合がたくさんあります。

たとえば最近、ある大学のサークルが居酒屋に50人での予約を入れていたにもかかわらず、当日キャンセルをしたとして、話題になりました。

しかし、この団体の学生は、すぐにきちんと居酒屋に行って謝ったそうです。居酒屋側はそれで納得したそうです。


基本的に人間関係というのは、1対1の関係で成り立っています。

もしミスや失敗で迷惑をかけてしまった相手がいるならば、その人の前まで直接出向いて、「すみませんでした」とひとこと言えば、大概は許されるのではないでしょうか。

そして、またやり直せばいいだけです。

つまり、「1対1」以外の目を気にしないこと。これが我慢を遠ざける一つの手だといえます。

白黒つけず「グレーのままでいい」と思うようにする

判断を保留するというのは、仕事をするうえでは足かせになることがあるかもしれませんが、なるべく我慢をしないようにするには、有効的な手段といえます。

白黒つけたがる人の多くは、完璧主義者です。

白なら白、黒なら黒でなければいけないと信じて疑いません。第1章で書いた「かくあるべし論者」ともいえます。

それに対して、我慢を遠くへ追いやるのが得意な人は、いろいろなことをグレーにしておくことができます。

先ほど書いた、人への判断もそうです。一つの出来事だけで判断して相手を嫌いになるのは、白黒つけたがる人です。

グレーにはいろいろな良い面があります。

信号機のようなシステムにおいても、グレーという黄色信号が役に立っています。黄色信号があるから交通事故を未然に防ぐことができるわけです。青信号からいきなり赤信号になれば、出会い頭の衝突などが増えてしまうことは誰にでも理解できることでしょう。

心の問題もそうです。誰かのちょっとした失敗やミスに対して過敏になって、「それは黒だ、これは白だ」と常に判断している人は、人の良いところが見つけづらい人です。

あるいは、人の悪いところも、ただ悪いと判断してしまうだけで、なぜそういう悪いことをしているのかという事情や理由までを見ようとしません。これではまわりの人をどんどん嫌いになっていき、結局は自分の首を絞めることになるでしょう。

何でも勝手に自分の都合のいいように解釈を変えてしまえばいい

あらゆるものごとには、二面性があります。良いも悪いも、見方によっていかようにも変わります。

人の性格もそうです。たとえば優柔不断だという性格。なかなか決断できないという意味合いにおいては、悪いと捉えられますが、一方では慎重に物事を判断する堅実な人だという見方もできます。

ですので、究極的なことをいえば、何でも勝手に自分の都合のいいように解釈してもいいと思うのです。頭で思うことは個人の勝手ですので、他人から身勝手だと言われそうなことでも、表に出さなければ問題ありません。

変えられないものを無理に変えようとするから歪《ひず》みが生まれ、引き返せなくなります。寝技のように、解釈で我慢を我慢ではないとすればいいのです。もしもそれで失敗したり、うまくいかなかったりした場合は、また元に戻せばいいのです。解釈を変えるという発想は、そういう柔軟性も持っています。

無理に相手の言動を変えようとして、たとえそれでうまくいったとしても、さらに問題が起きる可能性だってあります。それならば、柔軟性のある解釈で解決するという方法を選ぶこともあり得るのではないでしょうか。

我慢を遠ざけると同時に生活の質を高めることを考える

医学というものは年月を追って専門性が高まり、一つひとつの病気への治し方が発展してきています。

現在の医学のトレンドは、臓器別診療です。内科ひとつとっても、呼吸器内科、循環器内科、消化器内科、代謝内科、神経内科、リウマチ内科……と細分化されています。

それに伴い、この症状にはこういう治療法を施す、薬を与えるといったことが行なわれています。

一方で、人間の生活が幸せか幸せじゃないかというのは、数値で決められるものでもなければ、何か問題があるときに絶対的な対処法があるわけでもありません。

「上司からのパワハラで我慢を強いられている」と考える人が、今の生活を不幸だと考えているとします。

でも、この人が何らかの方法で上司のパワハラを止めることに成功したり、発想の転換で我慢を我慢だと思わないようにできたとしても、それがイコール幸せかというと、（残念ながら）必ずしもそうではないということです。

したがって、我慢しない生活を引き寄せることは、生活の質を上げる一つの方法論であって、答えではないということを自覚する必要があります。

一つひとつの我慢を自分から遠ざけることと同時に、全体論で生活の質を高める意識を持つことが重要だということです。


精神医学の世界でこの全体論的な立場を取っていたのは、すでに説明したアドラー心理学のアドラーや森田療法の森田正馬です。

日本人はどうしても個別の原因を潰していくことに没頭しがちです。特にこの本で書いてきたように、「こういうやり方で我慢をやめればいい」ということを書くと、それをすることだけに力を注いだり、それだけで満足したりします。

しかし、本当に大切なのは、「1人の人間として幸せな人生を送ることができているか」ということ。一つの部分だけを改善するのでなく、全体論であなた自身の人生を見ることです。

その考えがなければいくら我慢をしない手段を身につけても、あまり意味がありません。そのことを忘れないでください。

不測の事態に対応できる基礎能力を身につけておく

そういった全体論で見て自分自身の生活の質を高めるには、あなた自身の基礎能力を高めることも重要です。

たとえば仕事であれば、あなた自身が関わる業務の遂行能力を高めなければいけませんし、営業に関わる人であればコミュニケーション能力も身につけなければいけません。

プライベートでも同じで、家族と揉《も》めないようにするには、相続の知識を学んだり、料理の勉強をしたりすることが必要でしょう。

そうやって自分の基礎能力を高めることは、何かが起こったときの「心の準備」にもつながります。

よくいわれていることですが、どんなに大企業に勤めていても安定はない時代です。ＳＮＳでいきなり自分が炎上ネタにされるかもしれません。配偶者が突然離婚を切り出すこともあるかもしれません。

そういった不測の事態に対する免疫力を高めるには、我慢をしない発想力を学ぶだけではなく、普段の生活で自分の基礎能力を高めておくことも大切なのです。

我慢への対処は早ければ早いほうがいい

この基礎能力を高めることは、我慢の兆候を見極める力にもつながります。

不測の事態は起こり得ると書きましたが、そういったことに対しても基礎能力があればあるほど、事前に気づくことができるようになります。

「この雰囲気では、そろそろ自分に仕事が降りかかってきそうだ。だいたいこの案件の締め切りは2日間だから、早めに今の雑用を済ませておかないと我慢する生活を強いられそうだ」

と、そんなことを考えられるようになるのです。

事前にそういった兆候に気づくことができれば、安易にごまかしたり、過剰に怖がったりすることを避けることができます。

我慢を強いるようなものごとに関して言えば、それに対する対処は、早ければ早いほど、最短ルートで我慢を遠ざけることができます。つまり初動がとても大切だということです。

「そのうち時間が解決するだろう」ではダメなことが多く、それだと事態はどんどん混迷化、複雑化しかねません。

いま打てる手は、いま打つ。その意識が重要なのです。

第5章

相手に我慢させると自分に返ってくる

「我慢する」や「ストレス」にもよいところはある

「我慢する」をしない方法について書いておいてこう言うのは憚《はばか》られるのですが、我慢がゼロという生活はありえません。

「予防注射を打てば、絶対にその病気にならない」とはいえないのと同じです。実際に、インフルエンザの予防接種をしたのにインフルエンザになったという人はたくさんいるでしょう。

我慢をゼロにできないのならば、我慢の良いところを考えるということも必要なのではないでしょうか。

たとえば、悪いものと考えられがちなストレス。

ストレスをなくそうという本が多く出ていますが、その一方で、並の状態では出せないハイパフォーマンスを発揮するには、一定以上のストレスが必要だということもわかっています。

プロのスポーツ選手やオリンピックなどを思い浮かべればわかるかと思います。

彼らは適度な緊張があるほうが力を発揮することができ、結果としてオリンピックの決勝戦といった大舞台でこそ世界新記録を出すのです。つまり、ストレスには良いところもあるということです。それを知り、過剰に恐れることなくうまく活用することが大切でしょう。

では、これまで散々にけなしてきた我慢には、どんな良いことがあるのでしょうか。

それは「今、自分が我慢をしていることには、意味がある」と思うことで、成長につながる側面もあるということです。

「我慢する」を前向きに捉えられないと成長にはつながらない

「なんで自分はいま我慢しなければいけないんだ……」

という神経症的な思考回路でいる場合には、我慢することで成長することはありえません。

でも、そこから脱却し、

「今の我慢はバネと同じで、自分が大きく成長するために必要なことなのだ」

と思うことができれば、成長につながることも大いにあるということです。

それを我慢と呼ぶのかは疑問なところですし、「我慢する」はしないほうが良いとは思いますが……。

「この我慢は○日まで」と我慢に期限を設ける

もし必要に迫られて我慢をする場合には、それが成長できるものだと思うことと同時に、欠かせない要素があります。それは建設的な我慢でなくてはいけないということです。

我慢が建設的な我慢である条件には、まず期限を設けることが重要です。

「この我慢については今月いっぱいしか我慢はしない、それを過ぎたら我慢はしない」

と決めるのです。

できればそれをまわりの信頼できる友人や家族に公言するのがいいでしょう。

自分一人でそれを達成させるのはなかなか難しいことだからです。

また、同じような我慢をして、それを成長につなげた人を見つけることも大切です。

「こんなとき、○○さんは我慢しましたか？　その我慢は今の自分に活かされていると思いますか？」と聞いてみてください。

人は過去を振り返ったときに、結果が良ければそれを尊いものだとしがちですので、一概には言えないのですが、それでも同じような経験を経ている人がいれば安心できます。

相談する相手は、できれば自分に境遇が近い人がいいでしょう。

たとえば会社員であれば、10年先輩では完全に過去の経験は美化されています。ですので、過去の経験に対して新鮮な気持ちを忘れていない2、3年先輩のほうがいいと思います。

我慢する人に多いのが、「なんで自分ばっかり」と自分を特別視することです。でも、自分だけが特別だということはあまりありません。あなたが経験していることは、過去にほかの人も経験していることだという場合がほとんどです。

その意味でも、この誰かに相談するという方法は有効な手段だといえます。

「我慢する」ことで得られる「小さな成果」を設定する

我慢が成長につながるという発想で大事なことがもう一つあります。

それは「目標を大きくしすぎない」ということです。もしも大きな目標を掲《かか》げてしまえば、たいていは達成できず、我慢したことを後悔するもとになります。

そして気持ちをガクッと落ち込ませることになるでしょう。

できれば小さな成長、小さな成果を設定するようにしましょう。

と、ここでは我慢をしなければいけないときのために、「我慢」の良いところを挙げてみましたが、だからといって「我慢」を強制しようという気はさらさらありません。

我慢なんてしなくていいことです。

ですので、ここで書いたことはあくまで補足であり、第4章以前に書いたことを優先するようにしてください。

相手に我慢を強いれば自分にも我慢が返ってくる

すでに何度か言及しましたが、心理療法の一つに行動療法があります。

原則的には、適応行動には賞を与え、不適応行動には罰を与えるというのが、行動療法の考え方です。

しかし、これの反対を行なってしまうことも少なくありません。

たとえば、心因性（精神的な何かが原因で起こる）ぜん息の子どもがいたとします。

多くの親は、発作が起きたときに子どもを抱きしめたり、頭や胸をさすってあげることでしょう。

逆に発作が出ていないときは安心して買い物に出かけて一人にしたりします。

そして、適応行動である発作の出ていないときに寂しい思いをさせるという罰を与えていることになります。

適応行動は発作がない状態であり、不適応行動は発作の出ている状態です。

それにもかかわらず、不適応行動である発作の出ているときのほうに、賞を与えてしまっているのです。

これにより、より不適応行動が助長される可能性が考えられます。

したがって、発作がないときに、大好きな映画を観せるとか、好きなお菓子をあげるといった賞を与え、発作が出たときには発作を止める薬だけを与えて症状を抑えるしかない。そうすると、発作が出ないようになっていく。

目的論を唱えたアドラーは、非行に走る子どもを叱ることは、「注目されたい」という目的に対して、却って賞を与えてしまうのだとも言っています。

この行動療法を応用して考えてみると、相手にも我慢させないことも重要なのではないかと思えてきます。

つまり、相手に対して我慢を強いるような指示を出し、それが成功したら賞を与える（褒める）ということをしていった場合、我慢を助長するといえます。我慢が美徳になっていくということです。

もし会社や子育てでもそうですが、我慢を良いものとしてしまえば、我慢が我慢を呼ぶことになります。

子どもをスパルタ塾に通わせて、とにかく強制的に勉強をやらせる親がいたとします。きっとそれまで勉強していなかった子は、テストの点数が良くなるでしょう。

その親は「よくやった、お小遣いをあげよう。だからもっとがんばれ！」と言うかと思います。その結果、半年後や一年後に「子どもが引きこもりになってしまった」となる可能性がないとは言い切れません。

会社や家庭で我慢が美徳になり、我慢があたりまえだという雰囲気や環境になっていけば、そこにいる全員が苦しい状態に陥ることだってあります。

最初に我慢を強いる側だった人間に対しても同じことがいえます。相手に我慢を強いれば、自分にもそれは返ってきます。

ですから、自分が我慢をしないことも重要なのですが、相手にも我慢させないことも大切なことなのです。

相手に我慢させるにも期限を設けてあげる

そうは言っても、何でもかんでも「我慢させること」を恐れていたら、社会生活は成り立たないでしょう。

もしも「我慢させるかもしれない」というときには、我慢に期限を設けることと、我慢はよくないということを忘れない、忘れさせないことです。

期限を設けることとは、仕事をしているうえではあたりまえかもしれません。基本的には、あらゆる業務に期限があります。

しかし、仕事に追われていたりすると、たとえば部下などに、「このデータ、作っておいて」と期限を設けずにお願いすることもあるでしょう。

「このデータを作っておいて」と言われても、部下はいつまでに作ればいいかわかりません。

お願いしたのが月曜日だったとして、たとえ上司が今週いっぱい使ってもいいと思っていても、部下にそのことがわかっていなければ、無理をして水曜日に仕上げてくるかもしれません。

上司としては金曜までにできればいいと思っていたものが2日も早くできたので、万々歳かもしれませんが、部下は目一杯残業させられたことに不満たらたらでしょうし、その上司に対する信頼度も下がってしまうことでしょう。

あるいは、作業が終わらず、金曜までに欲しかったのに、次の月曜までかかってしまった、ということも考えられます。

もしも「このデータを金曜日までに作っておいて」と期限を言っていたら、その部下が我慢をしてたくさんの残業をしなくて済んだかもしれませんし、「金曜日には間に合わなそうだから、上司に相談しよう」と木曜日あたりに報告できたかもしれません。

このように、我慢をさせるときには、期限を設けることが重要なのです。

ただし、「期限さえ設ければいくらでも我慢させて良い」と考えることは避けなければいけません。

先ほど行動療法について触れたときにも書きましたが、我慢が美徳となった職場では、我慢が我慢を呼んでしまうからです。

ですので、先ほどの上司の例でいえば、

「このデータを金曜日までに作っておいて。急いでないから我慢して残業する必要はないし、もしほかの仕事が詰まっていて残業が必要になるなら、別の策も考えるから教えてください」

と指示を出すのが最良だと言えそうです。

我慢をさせて出てきた成果物にとやかく言わない

会社であれば部下や依頼先に、家庭であれば夫や妻に、もしも「我慢をさせたかもしれない」という自覚があるときには、その成果物に対する発言には気を配る必要があります。

基本的に「二分割思考」と呼ばれる、白黒を明確にする人は、敵をつくりやすいのですが、そこに「我慢」の要素が入ってくると、手に負えない状況が生まれてしまいます。

ですので、もしあまり出来のよくない成果物や満足のいかないものが出てきたとしても、黒だと決めつけて、文句を言ってはいけないのです。

「ここのところ、もっと見やすくならない？　もう一回やり直して持ってきて」

と言われたら、せっかく我慢をしてがんばってきた部下は、がっくり落ち込んで意欲をなくすかもしれません。

「時間のないなかやってくれてありがとう。実はここのところ、もう少し見やすくしたいから、申し訳ないけどあと1日だけ踏ん張ってくれないかな?」

などと伝えたほうがよいのです。


また、二分割思考の持ち主は、多くの場合、完璧主義者であることが多く、それにより相手に我慢を強いることも散見されます。

「100点こそ白、それ以外はたとえ95点でも黒!」

そんなふうに考える完璧主義者ですから、相手にも100点を求めてしまうからです。

先に書いた「グレーでもいい」という思考を持つことは、相手に我慢を強いることも減らすのです。

我慢の人生から楽しむ人生へ

あとがき——我慢の人生から楽しむ人生へ

我慢の人生を楽しむかどうかは別として、我慢の人生から結果を出す人生にしたほうがいいと思います。なぜなら、結果が出る人生は楽しいからです。

楽しい人生を送るためにも「我慢する」をやめようということです。

この本で一貫してお伝えしてきたつもりですが、日本人には我慢というプロセスを大事にする人が多いこと、そしてそれは間違っているということです。

つまり、何が結果として求められているかのほうが大事なわけです。

健康になるために我慢するといっても、その我慢が健康につながらないのであれば意味がないでしょうし、言いたいことがあっても我慢して言わないことによって、相手に嫌われないようにと思っていても、言いたいことを言わない腑抜《ふぬ》けたやつだと思われて嫌われることだってあるわけです。

結局のところ、結果を出すということがすべてだということです。

もう一つ言いたかったことは、楽しむかどうかは別として、我慢してもしなくても結果が似たようなものだった場合に、我慢しないほうがメンタルにはいいということです。

メンタルにいいということは、免疫機能にもいいでしょう。たとえばの話、今の医学では、コレステロールが高いのがいいのか低いのがいいのかとか、そういういろいろなことについて、実はまだまだわかっていないことが多いのです。昔はマーガリンが良かったのに、今はダメだと言われているように。

科学的なものとされている医学的なことですらどんどん変わっていく、塗り替えられていくのですから、それが変わった際に、後悔しないように「どちらが好きか」で行動を選んだほうが賢明だと私は思います。

「楽しい」を基準にして選んだほうがいい。我慢しないで選んだほうがいい、ということです。

こんな身も蓋《ふた》もないようなことを言うと怒る人もいるかもしれませんが、これは重要な問題です。

90歳まで苦しみながら辛い人生を生きた人と、70歳で早死してしまったけどとても楽しい人生を送っていた人であれば、どちらを選びたいかということのような話だからです。

もちろんこの場合なら、楽しい人生を90歳まで送るというのが誰にとってもベストだと思いますが……。

本文中にも書いたことですが、「我慢する」をなくすことの目的は、楽しい人生や幸せな生活を送るためのものです。

もしそのことが頭から離れたままで、この本に書いたことを実践したとしても、その一つの我慢はなくなるかもしれないけれど、本来の目的である楽しい人生に近づくことはできません。

そして結局は我慢する生活に逆戻りしてしまうでしょう。

また、私が専門としている精神療法（心理療法）の世界では、一つの症例に対するアプローチは複数あります。

そのどれが正解でどれが不正解ということはなく、人によって、タイミングによって、状況や環境によって変わってきます。

「我慢する」をなくす方法についても、それは同じことが言えると思っています。

言い訳をするつもりはありませんが、人によってうまくいくものとうまくいかないものがあるということです。

逆に言えば、だからこそあまり深く考えすぎることなく「ものは試し」とやってみることが大切なのです。

もしうまくいかないのなら、次を試してみることです。
どれか一つでも自分の肌に合って、我慢がなくなれば十分ですよね。
それで良いのです。

最後になりましたが、本書の企画ならびに編集を担当してくださったぱる出版の瀧口孝志さんには、この場を借りてお礼申し上げます。

和田 秀樹（わだ・ひでき）

1960年大阪生まれ。1985年東京大学医学部卒。東京大学精神神経科助手、アメリカ・カール・メニンガー精神医学校国際フェローを経て、現在は精神科医。国際医療福祉大学大学院教授、一橋大学経済学部非常勤講師、川崎幸病院精神科顧問、和田秀樹こころと体のクリニック院長（アンチエイジングとエグゼクティブカウンセリングに特化したクリニック）。

主な著書に『感情的にならない本』『自分は自分、人は人』（新講社）、『すぐに、人間関係がラクになる本』『「がまん」するから老化する』（PHP研究所）、『溜め込まない技術』（大和書房）、『「もう怒らない」ための本』（アスコム）、『「すぐ動く人」は悩まない！』（海竜社）など多数。

「我慢《がまん》する」がなくなる本《ほん》

2016年6月22日　　初版発行

著　者　　和《わ》　田《だ》　秀《ひで》　樹《き》

発行者　　常　塚　嘉　明

発行所　　株式会社　ぱる出版

〒160-0011　東京都新宿区若葉1-9-16

03(3353)2835 — 代表　03(3353)2826 — FAX

03(3353)3679 — 編集

振替　東京 00100-3-131586

印刷・製本　中央精版印刷(株)

ISBN978-4-8272-0994-5 C0095